目 录

一、项目准备学习评价 …………………………………………………………… 1

二、汽车维护常用工具的使用学习评价 …………………………………………… 2

三、汽车维护常用量具的使用学习评价 …………………………………………… 4

四、举升机的使用学习评价 ………………………………………………………… 7

五、发动机机油的选用与更换学习评价 …………………………………………… 10

六、齿轮油的使用与更换学习评价 ………………………………………………… 12

七、制动液的选用与更换学习评价 ………………………………………………… 14

八、冷却液的选用与更换学习评价 ………………………………………………… 16

九、汽车日常维护及磨合期维护学习评价 ………………………………………… 18

十、汽车一级维护——清洁、润滑和补给作业学习评价 ………………………… 20

十一、汽车一级维护——检查、调整、紧固作业学习评价 ……………………… 22

十二、汽车二级维护——油液检查、补给及部件润滑作业学习评价 …………… 24

十三、汽车二级维护——车身电器及方向盘、制动器检查、调整作业学习评价 ……… 26

十四、汽车二级维护——车身部件及汽车底部检查、紧固作业学习评价 ……………… 30

十五、汽车二级维护——发动机舱各部件检查、紧固作业学习评价 …………………… 33

十六、雪佛兰轿车 40 000 km 维护作业学习评价 ………………………………… 36

一、项目准备学习评价

（一）理论考核

1. 填空题。

（1）汽车维护是指_____。

（2）汽车维护制度贯彻_____。

（3）汽车定期维护分为_____、_____、_____。

2. 选择题。

（1）日常维护由（   ）完成。

　　A. 驾驶员　　　　　　　　B. 生产企业售后服务部

　　C. 一般维修企业　　　　　D. 汽车检测站

（2）一级维护间隔里程一般为（   ）或 6 个月，以先到达的为准。

　　A. 1 000~1 500 km　　　　B. 5 000~7 500 km

　　C. 10 000~15 000 km　　　D. 20 000~30 000 km

（3）二级维护间隔里程一般为（   ）。

　　A. 1 500~2 000 km　　　　B. 15 000~20 000 km

　　C. 2 000~3 000 km　　　　D. 20 000~30 000 km

3. 判断题（对的打√，错的打 ×）。

（1）汽车定期维护的周期越短越好。　　　　　　　　　　　　　　（   ）

（2）汽车定期维护包括磨合期维护、一级维护、二级维护。　　　　（   ）

（3）汽车定期维护的间隔里程由车主自己决定。　　　　　　　　　（   ）

4. 简答题。

（1）汽车维护的目的是什么？

（2）日常维护、一级维护、二级维护的中心内容是什么？

（二）技能考核

略。

二、汽车维护常用工具的使用学习评价

（一）理论考核

1. 在横线处填写以下工具名称。

_____　　　　　　　　_____

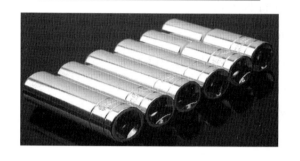

_____　　　　　　　　_____

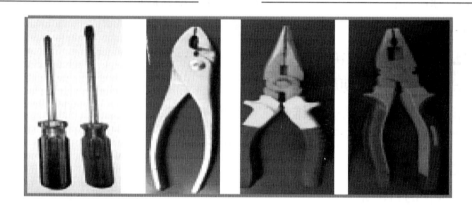

_____　　_____　　_____　　_____

2. 简答题。

（1）写出预置式扭矩扳手使用步骤及技术要求。

（2）写出气动扳手的使用步骤及技术要求。

（二）技能考核

项目　汽车维护常用工具的使用

<table>
<tr><td rowspan="2">基本信息</td><td>姓　名</td><td></td><td>学　号</td><td></td><td>班　级</td><td></td></tr>
<tr><td>时　间</td><td>15 min</td><td>考核日期</td><td></td><td>总评成绩</td><td></td></tr>
<tr><td rowspan="6">任务工单</td><td>序号</td><td>内容</td><td colspan="3">评分标准</td><td>配分</td><td>得分</td></tr>
<tr><td>1</td><td>考核准备</td><td colspan="3">1. 工具准备；
2. 工具清洁；
少一项扣2分</td><td>5</td><td></td></tr>
<tr><td>2</td><td>梅花扳手和开口扳手的使用</td><td colspan="3">1. 选择合适的扳手得5分，选错扣3分；
2. 按正确方法松动和紧固螺栓得10分，方法不正确扣5分</td><td>15</td><td></td></tr>
<tr><td>3</td><td>指针式扭矩扳手的使用</td><td colspan="3">1. 选择合适的套筒得5分，选错扣2分；
2. 预先查阅紧固螺栓紧固扭矩得10分，不查阅扣5分；
3. 按正确方法松动和紧固螺栓得10分，方法不正确扣5分</td><td>25</td><td></td></tr>
<tr><td>4</td><td>预置式扭矩扳手的使用</td><td colspan="3">1. 选择合适的套筒得5分，选错扣2分；
2. 预先查阅紧固螺栓紧固扭矩得5分，不查阅扣3分；
3. 能正确调整和读出扳手扭矩得10分，不能调整和读出的不得分；
4. 按正确方法松动和紧固螺栓得5分，方法不正确扣5分</td><td>25</td><td></td></tr>
<tr><td>5</td><td>气动扳手的使用</td><td colspan="3">1. 选择合适的套筒得5分，选错扣2分；
2. 预先查阅紧固螺栓紧固扭矩得5分，不查阅扣3分；
3. 能正确调整和读出扳手扭矩得10分，不能调整和读出的得0分；
4. 按正确方法松动和紧固螺栓得5分，方法不正确扣5分</td><td>25</td><td></td></tr>
<tr><td>安全</td><td colspan="5">1. 穿工服得2分，衣服和工作鞋各1分；
2. 工具落地每次扣1分，扣完为止；
3. 操作过程出现人身伤害或工具损坏扣4分</td><td>5</td><td></td></tr>
</table>

三、汽车维护常用量具的使用学习评价

（一）理论考核

1. 在横线处填写以下工具名称。

_____

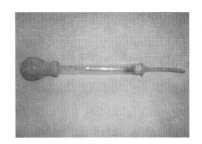

_____

_____

_____

2. 填空题。

（1）万用表主要功能包括：_____、_____、_____等。

（2）万用表电阻挡用_____表示；直流电压挡用_____表示；交流电压挡用_____表示；直流电流挡用_____表示。

（3）写出下图万用表各功能键名称及各挡位功用。

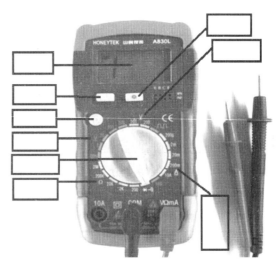

3. 简答题。

（1）怎么区分数字万用表各功能键？

（2）写出电解液相对密度计的使用步骤。

（3）写出轮胎深度规的使用步骤。

（二）技能考核

项目　汽车维护常用量具的使用

基本信息	姓　名		学　号		班　级		
	时　间	20 min	考核日期		总评成绩		
	序号	内容	评分标准			配分	得分
任务工单	1	考核准备	1. 量具准备； 2. 量具清洁；量具的清洁少一项扣1分			5	
	2	气压表的使用	1. 气压表正确连接得3分，不会连接扣2分； 2. 会看不同车充气标准得10分，不会看扣5分； 3. 会正确充气得10分，不能正确充气扣5分； 4. 了解充气注意事项得2分，不了解的扣1分			25	
	3	电解液密度计的使用	1. 会读密度计数据得10分，不会读扣5分； 2. 能正确使用密度计得10分，方法不正确扣5分			20	
	4	轮胎深度规的使用	1. 会看深度规数据得5分，不会看扣3分； 2. 能正确使用深度规得15分，方法不正确扣10分			20	
	5	万用表的使用	1. 能区分万用表功能键和挡位得5分，错一项扣1分； 2. 能正确使用电阻挡得10分，不会使用得0分，不能正确使用扣5分； 3. 了解使用电阻挡应注意的事项得5分，不了解的扣3分； 4. 能正确使用万用表交流电压和直流电压挡得10分，不会使用得0分，不能正确使用扣5分			30	
安全	1. 穿工服得2分，衣服和工作鞋各1分； 2. 量具落地每次扣1分，扣完为止； 3. 操作过程出现人身伤害或工具损坏扣4分					5	

四、举升机的使用学习评价

（一）理论考核

1. 填空题。

（1）举升机有_____、_____、_____几种。

（2）举升机操作步骤包括_____、_____、_____、_____和_____。

（3）举升机控制台上的 UP 表示_____，DOWN 表示_____，LOCK 表示_____。

（4）剪式举升机主要包括_____、_____、_____、_____几部分。

2. 在横线处填写以下举升机类型名称。

_____ _____ _____

_____ _____ _____

3. 看图写出举升机部件名称。

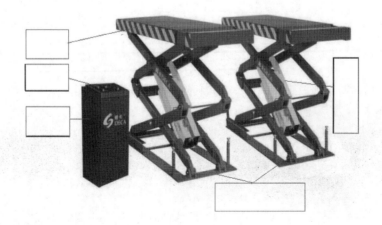

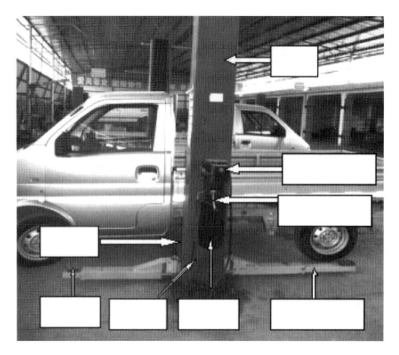

4. 简答题。

（1）剪式举升机操作步骤有哪些？

（2）简述操作举升机应注意的事项。

四、举升机的使用学习评价

（二）技能考核

项目 举升机的使用

基本信息	姓 名		学 号		班 级			
	时 间	10 min	考核日期		总评成绩			
	序号	内容	评分标准				配分	得分
任务工单	1	考核准备	1. 清理举升机周围妨碍作业的器具及杂物得5分，不清理得0分，清理不彻底扣3分； 2. 检查安全部件得10分，漏一项扣2分，扣完为止				15	
	2	二柱式举升机的使用	1. 摆正待举升的车辆得5分，不摆正扣2分； 2. 举升机空载试验得5分，不会操作得0分，漏一项扣2分； 3. 举升车辆得18分，不会操作得0分，操作步骤不正确每步扣3分； 4. 降下车辆得8分，不会操作得0分，操作步骤不正确每步扣3分； 5. 把举升臂拉出摆直并将车辆驶离工位得4分，不摆直举升臂扣2分				40	
	3	剪式举升机的使用	1. 摆正待举升的车辆得5分，不摆正扣2分； 2. 升起车辆得36分，不会操作得0分，操作错误每步扣5分； 3. 降下车辆得4分，不会操作得0分，不移走支撑块扣3分				40	
安全			1. 穿工服得2分，衣服和工作鞋各1分； 2. 不切断举升机电源扣2分； 3. 操作过程出现人身伤害或工具损坏扣4分				5	

五、发动机机油的选用与更换学习评价

（一）理论考核

1. 填空题。

（1）机油的作用是_____
_____。

（2）我国把机油分为_____、_____、_____等3类。

（3）5W、10W、15W机油属于_____温用油。20、30、40属于_____温用油。

（4）5W-30、10W-40、15W-40等牌号的机油属于_____机油。

（5）SD、SE、SF、SG、SH等几个等级润滑油属于_____发动机用油，越往后等级越高，品质越好。

（6）CD-Ⅱ、CE、CF-4等几个等级润滑油属于_____发动机用油，越往后等级越高，品质越好。

（7）_____机油可以一年四季使用，黏性好，使用时间比较长。

（8）带"W"的为_____季用机油；无"W"的为_____季用机油。_____机油冬夏通用。

（9）新车磨合期一般_____km更换一次机油，磨合期过后_____km（或6个月）更换一次。

（10）机油呈_____，表示机油已被冷却液污染；机油呈_____，表示机油已被燃油污染；机油明显出现_____，表示添加剂失效；明显感觉有_____东西搓手，表示机油中有较多的杂质。

（11）右图所示机油属于_____型机油，能在_____季节使用；"W"前的数字5表示_____，"W"后面的数字30表示_____。

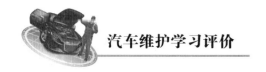

2. 判断题（对的打√，错的打×）。

（1）牌号为85W-90齿轮油属于多级机油。　　　　　　　　　　　　　（　　）
（2）标有SE/CC字母的机油是汽油、柴油机两用油。　　　　　　　　　（　　）
（3）多级机油只在冬季和夏季使用。　　　　　　　　　　　　　　　　（　　）
（4）车辆每行驶5 000~7 500 km更换一次机油。　　　　　　　　　　　（　　）
（5）使用机油时，选用黏度越高的机油润滑性能越好。　　　　　　　　（　　）
（6）机油和齿轮油可以互换使用。　　　　　　　　　　　　　　　　　（　　）

3. 简答题。

（1）机油的选用原则有哪些？

（2）选用机油应注意哪些事项？

（3）如何判断机油油品的好坏？

（二）技能考核

项目　机油的使用与更换

基本信息	姓　　名		学　　号		班　　级		
	时　　间	15 min	考核日期		总评成绩		
	序号	内容	评分标准			配分	得分
任务工单	1	考核准备	1.区分不同类型机油得5分，不会分机油类型得0分； 2.废油接油设备、换油工具得5分，选错工具扣3分			10	
	2	机油的选用	1.正确选择机油得30分，选择不正确扣15分； 2.正确描述机油选择依据得5分，描述不准确扣3分			35	
	3	机油的更换	1.排油及机油滤清器更换得5分，步骤不正确每步扣2分； 2.加注新机油分得5分，步骤不正确每步扣3分； 3.检查加注量得5分，步骤不正确每步扣3分； 4.检查是否渗漏机油得3分，不检查得0分； 5.清理油渍和记录换油时间得2分，不清理得0分			30	
	4	机油油质的检查	1.检查步骤得15分，漏一个步骤扣3分； 2.描述判断依据得5分，无法描述得0分，描述不准确扣2分			20	
安全			1.穿工服得2分，衣服和工作鞋各1分； 2.工具落地每次扣1分，扣完为止； 3.操作过程出现人身伤害或工具损坏扣4分			5	

六、齿轮油的使用与更换学习评价

（一）理论考核

1. 填空题。

（1）齿轮油的作用是_____

_____。

（2）按美国工程师学会分类法，可将手动变速器齿轮油分为_____齿轮油和_____齿轮油。

（3）按美国石油学会标准及工作条件（齿轮面压力和油温高低）苛刻程度，可将手动变速器齿轮油分为_____、_____、_____、_____、_____、_____6个等级。

（4）国内手动变速器齿轮油按使用性能分为_____、_____、_____几种。

（5）自动变速器油又称_____，专门用于自动变速器和无级变速器。

（6）自动变速器油按美国PTF分类法分为_____、_____、_____几种。

（7）国内自动变速器油按100 ℃运动黏度分为_____变速器油、_____变速器油两种。

（8）右图齿轮油相当于国内_____车用齿轮油，普通车用齿轮油为_____。

2. 判断题（对的打√，错的打×）。

（1）牌号为85W-90齿轮油属于多级齿轮油。　　　　　　　　　　　　　（　　）

（2）国内8号齿轮油相当于PTF-1变速器油。　　　　　　　　　　　　　（　　）

（3）多级齿轮油任何温度条件下均可全年使用。　　　　　　　　　　　　（　　）

（4）车辆一般每行驶30 000 km检查一次齿轮油油位。　　　　　　　　　（　　）

（5）车辆一般每行驶60 000 km更换一次齿轮油。　　　　　　　　　　　（　　）

（6）使用齿轮油时，选用黏度越高的齿轮油润滑性能越好。　　　　　　（　　）

3. 完成自动变速器油的选用表。

国外分类	国内分类	适用车型
PTF-1	8#	
PTF-2	6#	
PTF-3		

4. 简答题。

简述齿轮油选用的原则。

（二）技能考核

项目　齿轮油的选用与更换

基本信息	姓　名		学　号		班　级		
	时　间	15 min	考核日期		总评成绩		
	序号	内容	评分标准		配分	得分	
任务工单	1	考核准备	1. 区分不同类型齿轮油得5分，不会分齿轮油类型得0分； 2. 正确选择废油接油设备、换油工具得5分，选错工具扣3分		10		
	2	齿轮油的选用	1. 正确选择齿轮油得30分，选择不正确扣15分； 2. 描述齿轮油选择依据得5分，描述不准确扣3分		30		
	3	齿轮油的更换	1. 排油得5分，步骤不正确每步扣2分； 2. 加注齿轮油得5分，步骤不正确每步扣3分； 3. 检查加注量得5分，步骤不正确每步扣3分； 4. 检查是否渗漏齿轮油得3分，不检查得0分； 5. 清理油渍和记录换油时间得2分，不清理得0分		25		
	4	齿轮油油质的检查	1. 正确进行手动变速器齿轮油油质检查得15分，漏一步扣3分，不会检查得0分； 2. 正确进行自动变速器油油质检查得15分，漏一步扣3分，不会检查得0分		30		
安全			1. 穿工服得2分，衣服和工作鞋各1分； 2. 工具落地每次扣1分，扣完为止； 3. 操作过程出现人身伤害或工具损坏扣4分		5		

七、制动液的选用与更换学习评价

（一）理论考核

1. 填空题。

（1）制动液的作用＿＿＿＿＿＿＿＿＿＿＿＿＿＿＿＿＿＿＿＿＿＿＿＿＿＿＿＿＿＿。

（2）国外把制动液分为＿＿＿＿＿、＿＿＿＿＿、＿＿＿＿＿几类。

（3）国产制动液根据回流平衡沸点不同分＿＿＿＿＿、＿＿＿＿＿、＿＿＿＿＿、＿＿＿＿＿、＿＿＿＿＿6个等级，数字越大制动安全性越高。

（4）制动液选用的原则是＿＿＿＿＿＿＿＿＿＿＿＿＿＿。目前，比较常用的是＿＿＿＿＿、＿＿＿＿＿、＿＿＿＿＿几种制动液。

（5）制动液内有＿＿＿＿＿会使沸点降低，容易沸腾产生气泡，降低制动效果。

（6）制动液更换周期一般为车辆每行驶＿＿＿＿＿km或＿＿＿＿＿个月。＿＿＿＿＿又长时间不用的制动液不能再使用。

2. 判断题（对的√，错的打×）。

（1）合成型制动液用一段时间会吸收较多水分。（　　）

（2）DOT型制动液后面的数字越大表示沸点越高，越能耐高温。（　　）

（3）应尽量选用沸点高、高温气阻好的制动液。（　　）

（4）车上的制动液一般更换周期为 60 000 km。（　　）

（5）不同类型的制动液可以混合使用。（　　）

（6）制动液颜色呈现淡黄色，表示制动液的品质正常。（　　）

3. 根据右图写出制动液的特点、品质好坏的判断方法。

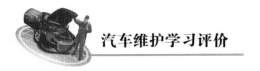

4. 简答题。

选用制动液有哪些注意事项？

（二）技能考核

项目　制动液的选用与更换

基本信息						
	姓　名		学　号		班　级	
	时　间	15 min	考核日期		总评成绩	

	序号	内容	评分标准	配分	得分
任务工单	1	考核准备	1. 正确选择不同类型制动液及软管、塑料瓶、扳手得10分，少一样扣2分； 2. 区分制动液类型及沸点高低得10分，不会区分得0分	20	
	2	制动液的选用与更换	1. 根据制动液选用原则选择制动液得10分，选择不正确扣5分； 2. 排放旧制动液得10分，步骤不正确每步扣2分； 3. 加注新制动液得10分，步骤不正确每步扣3分； 4. 检查加注量得5分，步骤不正确每步扣3分； 5. 检查是否渗漏得3分，不检查得0分； 6. 清理油渍和记录换油时间得2分，不清理得0分	40	
	3	制动液品质的检查	1. 检查步骤得27分，漏一个步骤扣7分； 2. 检查结果得4分，结果错误得0分； 3. 检查依据得4分，不准确扣2分	35	
安全			1. 穿工服得2分，衣服和工作鞋各1分； 2. 工具掉地每次扣1分，扣完为止； 3. 操作过程出现人身伤害或工具损坏扣4分	5	

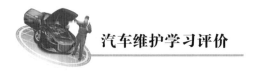

八、冷却液的选用与更换学习评价

（一）理论考核

1. 填空题。

（1）冷却液的作用_____。

（2）冷却液的类型有_____、_____、_____几类。

（3）_____是冷却液选用的重要指标，选用时冷却液的_____一般要比当地冬季最低气温低 10~15 ℃。

2. 判断题（对的打√，错的打 ×）。

（1）现代车用冷却液可以防结冰、防沸腾、防腐蚀、防水垢。（　　）

（2）我国北方冬天更换冷却液时，可以直接使用纯净软水。（　　）

（3）乙二醇－水型冷却液使用年限一般为 3~5 年。（　　）

（4）长效冷却液可以用永久使用不需更换。（　　）

（5）冷却液的浓度应高于 60%。（　　）

（6）冷却液的更换周期一般是两年或 40 000 km。（　　）

2. 说明右图两者的区别。

3. 简答题。

（1）冷却液选用的原则有哪些？

（2）冷却液选用要注意的事项是什么？

（3）冷却液更换的步骤一般有哪些？

（二）技能考核

项目　冷却液的选用与更换

基本信息	姓　　名		学　　号		班　　级		
	时　　间	15 min	考核日期		总评成绩		
	序号	内容	评分标准			配分	得分
任务工单	1	考核准备	1. 正确选择不同类型冷却液、防冻液、扳手、抹布、护套护垫得5分，少一样扣1分； 2. 正确区分一般冷却液、防冻液、纯净软水得5分，不会区分得0分			10	
	2	冷却液的选用与更换	1. 根据冷却液选用原则选择冷却液得10分，选择不正确扣5分； 2. 按正确步骤更冷却液得15分，每错一步扣5分； 3. 清理液渍和记录换液时间得5分，不清理得0分			30	
安全	1. 穿工服得2分，衣服和工作鞋各1分； 2. 工具掉地每次扣1分，扣完为止； 3. 操作过程出现人身伤害或工具损坏扣4分					5	

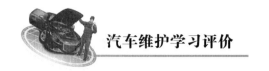

九、汽车日常维护及磨合期维护学习评价

（一）理论考核

1. 填空题。

（1）汽车日常维护的目的_____。

（2）汽车日常维护主要包括_____、_____、_____，是其他维护作业的基础，日常维护的作业内容包括_____、_____、_____，由_____操作完成。

（3）汽车日常维护中检查是否有"三漏"是指_____、_____、_____。

（4）汽车日常维护行车中的检查包括_____、_____、_____。

（5）汽车日常维护收车后的维护主要是_____、_____、_____、_____、_____。

（6）汽车磨合期维护的目的是_____，汽车在行驶_____km内的时期称为磨合期，由_____操作完成。

（7）汽车磨合期维护主要是指_____、_____、_____。

2. 简答题。

（1）汽车进行日常维护和磨合期维护前应做哪些准备？

（2）汽车日常维护的主要内容有哪些？

（3）汽车磨合期维护的主要内容有哪些？

（4）写出"五液"正常液位。

九、汽车日常维护及磨合期维护学习评价

（二）技能考核

项目　汽车日常维护及磨合期维护

基本信息	姓　名		学　号		班　级		
	时　间	15 min	考核日期		总评成绩		
	序号	内容	评分标准			配分	得分
任务工单	1	考核准备	1. 准备组合工具一套、扭矩扳手、直尺、抹布； 2. 安放护套、护垫； 3. 安放车轮挡块； 4. 拉满驻车制动杆行程； 5. 换挡杆手柄置于P位置； 漏一步扣1分			5	
	2	汽车日常维护	1. 正确进行出车前检查得30分，每漏检一处扣2分； 2. 正确进行行车中检查得10分，每漏检一处扣2分； 3. 正确进行收车后检查得10分，每漏检一处扣2分			50	
	3	汽车磨合期维护	1. 正确进行磨合前期维护得20分，每漏检一处扣2分； 2. 正确进行磨合中期维护得10分，每漏检一处扣2分； 3. 正确进行磨合后期维护得10分，每漏检一处扣2分			40	
安全	1. 穿工服得2分，衣服和工作鞋各1分； 2. 工具掉地每次扣1分，扣完为止； 3. 操作过程出现人身伤害或工具损坏扣4分					5	

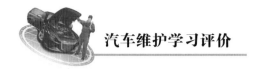

十、汽车一级维护——清洁、润滑和补给作业学习评价

(一)理论考核

1. 填空题。

(1)汽车一级维护是指除日常维护作业以外,以_____、_____、_____为中心,并检查有关制动、操纵等安全部件,由_____负责执行的车辆维护作业。

(2)汽车一级维护的清洁是指对_____、_____、_____、_____、_____、_____进行清洁。

(3)汽车一级维护中清洁的目的是_____。

(4)汽车一级维护中润滑、补给的目的是_____。

(5)汽车一级维护中的补给主要是指补充_____、_____、_____、_____,检查_____、_____。

(6)汽车一级维护中的润滑主要是指对_____的润滑。

2. 简答题。

清洁空气滤清器、机油滤清器的步骤有哪些?

（二）技能考核

项目　汽车一级维护——清洁、润滑和补给作业

基本信息	姓　名		学　号		班　级		
	时　间	15 min	考核日期		总评成绩		

	序号	内容	评分标准	配分	得分
任务工单	1	考核准备	1. 准备组合工具一套、扭矩扳手、直尺、抹布； 2. 安放护套、护垫； 3. 安放车轮挡块； 4. 拉满驻车制动杆行程； 5. 换挡杆手柄置于 P 位置； 漏一步扣 1 分	5	
	2	汽车清洁作业	1. 正确进行发动机舱的清洁得 10 分； 2. 正确进行空气滤清器的清洁得 10 分； 3. 正确进行汽车空调滤清器的清洁得 10 分； 4. 正确进行机油滤清器的清洁得 10 分； 5. 正确进行燃油滤清器、蓄电池的清洁得 10 分； 漏一项扣 5 分	50	
	3	汽车润滑和补给作业	1. 检查、补充发动机润滑油得 7 分； 2. 检查、补充冷却液得 7 分； 3. 检查、补充制动液得 7 分； 4. 检查、补充玻璃清洗液得 7 分； 5. 检查、补充转向助力液得 7 分； 6. 检查变速器油、驱动桥油得 5 分。 1~5 项每漏一项扣 5 分，第 6 项每漏一项扣 2 分	40	
安全			1. 穿工服得 2 分，衣服和工作鞋各 1 分； 2. 工具掉地每次扣 1 分，扣完为止； 3. 操作过程出现人身伤害或工具损坏扣 4 分	5	

十一、汽车一级维护——检查、调整、紧固作业学习评价

（一）理论考核

1. 填空题。

（1）汽车一级维护部件检查的目的是＿＿＿＿＿＿＿＿＿＿＿＿＿＿＿＿＿＿＿＿＿。

（2）汽车一级维护检查、调整、紧固作业的内容包括

＿＿＿＿＿＿＿＿＿＿＿＿＿＿＿＿、＿＿＿＿＿＿＿＿＿＿＿＿＿＿＿＿、

＿＿＿＿＿＿＿＿＿＿＿＿＿＿＿＿、＿＿＿＿＿＿＿＿＿＿＿＿＿＿＿＿、

＿＿＿＿＿＿＿＿＿＿＿＿＿＿＿＿、＿＿＿＿＿＿＿＿＿＿＿＿＿＿＿＿、

＿＿＿＿＿＿＿＿＿＿＿＿＿＿＿＿、＿＿＿＿＿＿＿＿＿＿＿＿＿＿＿＿。

2. 看图写出车灯名称。

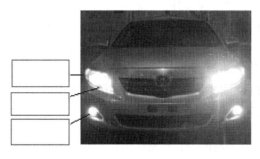

3. 简答题。

（1）驻车制动器和行车制动器的检查步骤和技术要求有哪些？

（2）安全带检查项目及方法有哪些？技术要求有哪些？

（二）技能考核

项目　汽车一级维护——检查、调整、紧固作业

基本信息	姓　名		学　号		班　级	
	时　间	25 min	考核日期		总评成绩	

	序号	内容	评分标准	配分	得分
任务工单	1	考核准备	1. 准备组合工具一套、扭矩扳手、直尺、抹布； 2. 安放护套、护垫； 3. 安放车轮挡块； 4. 拉满驻车制动杆行程； 5. 换挡杆手柄置于 P 位置； 漏一步扣 1 分	5	
	2	驻车制动器和行车制动器的检查	1. 检查驻车制动器的指示灯； 2. 拉起驻车制动杆检查制动杆行程； 3. 踩下制动器踏板检查是否异常松动、是否有异响、能否完全踩下； 4. 测量制动器踏板自由行程； 漏一项扣 5 分	40	
	3	车身内外部件的检查	1. 检查座椅； 2. 检查安全带； 3. 检查车门； 4. 检查行李箱盖； 5. 检查发动机舱盖； 漏检一项扣 5 分	50	
安全			1. 穿工服得 2 分，衣服和工作鞋各 1 分； 2. 工具掉地每次扣 1 分，扣完为止； 3. 操作过程出现人身伤害或工具损坏扣 4 分	5	

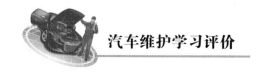

十二、汽车二级维护——油液检查、补给及部件润滑作业学习评价

（一）理论考核

1. 填空题。

（1）汽车二级维护指除一级维护工作外，以_____为中心，并检查安全部件，进行_____拆检、_____换位的维护作业。

（2）汽车二级维护作业包括基本作业和附加作业，二级维护前首先要进行_____，根据汽车技术档案的_____和驾驶员反映的车辆使用技术状况确定所需的检测项目，依据检测结果确定附加作业。

（3）汽车油液检查、补给的作业内容包括_____、_____、_____、_____、_____、_____、_____。

（4）汽车二级维护中，部件润滑作业主要是用润滑油（脂）对_____、_____、_____等绕轴转动或滑动的全车部件进行润滑。

2. 简答题。

（1）检查、补充制动液的目的、内容是什么？

（2）怎么检查制动液？技术要求是什么？

（3）检查、补充转向助力液的目的是什么？怎么判断转向助力液是否合适？

3. 自己动手制作一份汽车油液检查、补给及部件润滑作业工单，工单包含准备工作、作业内容、作业流程及技术要求。

（二）技能考核

项目　汽车二级维护——油液检查、补给及部件润滑作业

基本信息	姓　　名		学　　号		班　　级			
	时　　间	15 min	考核日期		总评成绩			
	序号	内容	评分标准				配分	得分
任务工单	1	考核准备	1. 准备组合工具一套、扭矩扳手、直尺、抹布； 2. 安放护套、护垫； 3. 安放车轮挡块； 4. 拉满驻车制动杆行程； 5. 换挡杆手柄置于 P 位置； 漏一步扣 1 分				5	
	2	油液的检查、补给	1. 检查、更换发动机机油及机油滤清器； 2. 检查、补充转向助力液； 3. 检查、补充冷却液； 4. 检查变速器油； 5. 检查、补充制动液； 6. 检查、补充驱动桥油； 7. 检查、补充玻璃洗涤液； 漏一项扣 5 分				70	
	3	部件润滑	1. 车门铰链润滑； 2. 发动机舱盖绕轴润滑； 3. 行李箱盖绕轴润滑； 漏一项扣 4 分				20	
安全			1. 穿工服得 2 分，衣服和工作鞋各 1 分； 2. 工具掉地每次扣 1 分，扣完为止； 3. 操作过程出现人身伤害或工具损坏扣 4 分				5	

十三、汽车二级维护——车身电器及方向盘、制动器检查、调整作业学习评价

（一）理论考核

1. 填空题。

（1）车身电器及方向盘、制动器检查调整作业内容主要包括_____、_____、_____。

（2）车灯开关一般有两个挡位，分别是_____、_____。

（3）刮水器开关一般有3个挡位，分别是_____、_____、_____。

（4）驻车制动器拉杆拉满行程，锁止齿轮应发出_____响的响声；行车制动器踏板高度一般为_____mm；踏板余量一般为_____mm，自由行程为_____mm。

（5）鼓式制动器制动片剩余厚度到_____mm时为使用极限，此时应更换制动片。

（6）轮胎磨损到花纹深度达到_____mm时，应更换轮胎。

（7）车辆进行二级维护时，一般每行驶_____km应进行轮胎换位。

2. 看图写出开关名称。

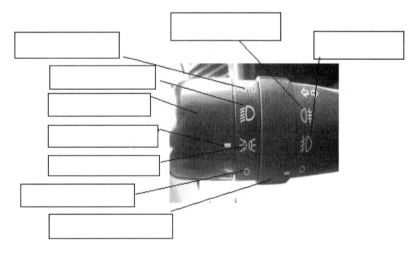

3. 简答题。

（1）驻车制动器检查项目是什么？怎样检查？有什么技术要求？

（2）行车制动器检查项目有哪些？有什么技术要求？

（二）技能考核

项目一　鼓式制动器的拆卸

<table>
<tr><td rowspan="2">基本信息</td><td>姓　　名</td><td></td><td>学　　号</td><td></td><td>班　　级</td><td></td></tr>
<tr><td>时　　间</td><td>25 min</td><td>考核日期</td><td></td><td>总评成绩</td><td></td></tr>
<tr><td rowspan="4">任务工单</td><td>序号</td><td>内容</td><td colspan="2">评分标准</td><td>配分</td><td>得分</td></tr>
<tr><td>1</td><td>考核准备</td><td colspan="2">正确选择组合工具、扭矩扳手、轮胎专用拆卸扳手、直尺、抹布、工具；
漏一项扣2分</td><td>5</td><td></td></tr>
<tr><td>2</td><td>鼓式制动器的拆卸</td><td colspan="2">1. 举升并支撑车辆；
2. 拆卸车轮和轮胎；
3. 拆卸驻车制动器拉线；
4. 拆卸调节杆；
5. 拆卸鼓式制动器：
（1）拆卸前，使用起子通过车轮的螺栓孔将楔形件向上压，使制动蹄片回位；
（2）用VW637/2专用工具拆卸下轮毂盖，拔出开口销，拆下冠状螺母保险环；
（3）拆下轮毂轴承预紧度的调整螺母及垫圈、轴承，取下制动鼓；
（4）压下制动蹄片定位销压簧，取下制动蹄片定位销及压簧垫圈，取出下回位弹簧；
（5）拆下手制动钢丝，取下楔形件拉力弹簧和上回位弹簧，取下制动蹄片；
（6）拆下定位弹簧；
步骤每错一步扣7分</td><td>90</td><td></td></tr>
<tr><td colspan="2">安全</td><td colspan="2">1. 穿工服得2分，衣服和工作鞋各1分；
2. 工具掉地每次扣1分，扣完为止；
3. 操作过程出现人身伤害或工具损坏扣4分</td><td>5</td><td></td></tr>
</table>

项目二　盘式制动器的拆卸

基本信息	姓　　名		学号		班级		
	时　　间	25 min	考核日期		总评成绩		
任务工单	序号	内容	评分标准			配分	得分
	1	考核准备	正确选择组合工具一套、扭矩扳手、轮胎专用拆卸扳手、直尺、砂纸、抹布、工具车； 漏一项扣 1 分			5	
	2	盘式制动器拆卸	1.用专用套筒扳手或气动扳手拆卸车轮紧固螺母； 2.将车辆举升离开地面，拆下车轮； 3.将车辆举升至轮轴接近胸部位置； 4.拆下制动钳总成紧固螺母； 5.提起制动钳并挂于一侧； 6.拆下开槽螺母、螺旋弹簧及中间件，将一杠杆插入中间缝隙并轻轻敲击，将中间件拆下； 7.拆卸制动片； 8.松开制动钳支架紧固螺栓，拆卸支架； 9.将制动盘总成从半轴上拆下； 10.将制动盘和制动片摩擦面用砂纸轻轻擦拭后，再用干净抹布将摩擦面擦拭干净； 漏一步扣 7 分			90	
安全	1.穿工服得 2 分，衣服和工作鞋各 1 分； 2.工具掉地每次扣 1 分，扣完为止； 3.操作过程出现人身伤害或工具损坏扣 4 分					5	

项目三 车身电器及转向盘检查、制动器检查调整作业

基本信息	姓　名		学号		班级		
	时　间	20 min	考核日期		总评成绩		
	序号	内容	评分标准			配分	得分
任务工单	1	考核准备	正确选择组合工具一套、扭矩扳手、轮胎专用拆卸扳手、直尺、砂纸、抹布、工具车； 漏一项扣1分			5	
	2	车灯的检查	1. 车灯开关的认知； 2. 车灯的认知； 3. 车辆前部车灯检查； 4. 车辆后部车灯检查； 5. 车辆内部车灯检查； 漏一项扣5分			45	
	3	制动器的检查	1. 驻车制动器检查得10分： （1）驻车制动器指示灯检查； （2）驻车制动器行程检查。 2. 行车制动器检查得35分： （1）踏板高度、余量、状况、自由行程检查； （2）助力器工作情况、气密性、真空功能检查； （3）制动器的拆卸； （4）制动片检查； （5）制动盘检查； （6）制动拖滞情况检查； （7）制动器及车轮的装复； 漏一项扣3分			45	
安全			1. 穿工服得2分，衣服和工作鞋各1分； 2. 工具掉地每次扣1分，扣完为止； 3. 操作过程出现人身伤害或工具损坏扣4分			5	

十四、汽车二级维护——车身部件及汽车底部检查、紧固作业学习评价

（一）理论考核

1. 填空题。

（1）车身部件及汽车底部检查、紧固作业内容包括：

1)＿＿＿＿＿＿＿＿＿＿＿＿＿＿＿＿＿＿＿＿＿＿＿＿＿＿＿＿＿＿＿＿＿＿＿＿＿＿

2)＿＿＿＿＿＿＿＿＿＿＿＿＿＿＿＿＿＿＿＿＿＿＿＿＿＿＿＿＿＿＿＿＿＿＿＿＿＿

3)＿＿＿＿＿＿＿＿＿＿＿＿＿＿＿＿＿＿＿＿＿＿＿＿＿＿＿＿＿＿＿＿＿＿＿＿＿＿

4)＿＿＿＿＿＿＿＿＿＿＿＿＿＿＿＿＿＿＿＿＿＿＿＿＿＿＿＿＿＿＿＿＿＿＿＿＿＿

（2）车身部件及汽车底部检查、紧固作业需要准备的工作包括：

1)＿＿＿＿＿＿＿＿＿＿＿＿＿＿＿＿＿＿＿＿＿＿＿＿＿＿＿＿＿＿＿＿＿＿＿＿＿＿

2)＿＿＿＿＿＿＿＿＿＿＿＿＿＿＿＿＿＿＿＿＿＿＿＿＿＿＿＿＿＿＿＿＿＿＿＿＿＿

3)＿＿＿＿＿＿＿＿＿＿＿＿＿＿＿＿＿＿＿＿＿＿＿＿＿＿＿＿＿＿＿＿＿＿＿＿＿＿

4)＿＿＿＿＿＿＿＿＿＿＿＿＿＿＿＿＿＿＿＿＿＿＿＿＿＿＿＿＿＿＿＿＿＿＿＿＿＿

（3）检查安全带主要检查跨带是否＿＿＿＿＿＿＿、＿＿＿＿＿＿＿，检查导向器是否＿＿＿＿＿＿＿，检查肩带＿＿＿＿＿＿＿功能是否正常有效，检查扣环＿＿＿＿＿＿＿是否正常有效。

（4）检查儿童安全锁操作方法是＿＿＿＿＿＿＿＿＿＿＿＿＿＿＿＿＿＿＿＿＿＿＿＿＿。

（5）检查汽车底部油液泄漏主要检查＿＿＿＿＿＿＿液、＿＿＿＿＿＿＿液是否泄漏。

2. 看图写出相关名称及检查技术要求。

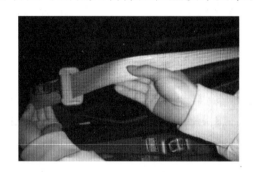 

3. 简答题。

（1）汽车底部螺母、螺栓紧固情况的检查内容有哪些？有什么技术要求？

（2）为什么要对汽车进行二级维护？

（3）二级维护的维护周期一般是多少？由谁负责执行二级维护作业？由什么部门制定二级维护周期？

4. 请写出汽车二级维护的流程。

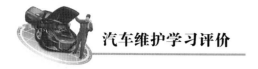

（二）技能考核

项目　汽车二级维护——车身部件及汽车底部检查、紧固作业

<table>
<tr><td rowspan="2">基本信息</td><td colspan="2">姓　　名</td><td>学号</td><td></td><td>班级</td><td colspan="2"></td></tr>
<tr><td colspan="2">时　　间</td><td>25 min</td><td>考核日期</td><td>总评成绩</td><td colspan="2"></td></tr>
<tr><td rowspan="5">任务工单</td><td>序号</td><td>内容</td><td colspan="3">评分标准</td><td>配分</td><td>得分</td></tr>
<tr><td>1</td><td>考核准备</td><td colspan="3">1. 拉起油箱盖、行李箱盖、发动机舱盖释放杆；
2. 顶灯开关拨到 DOOR 位置；
3. 降下车窗玻璃；
4. 换挡杆置于 N 或 P 位置；
5. 充足轮胎气压；
漏一步扣 1 分</td><td>5</td><td></td></tr>
<tr><td>2</td><td>安全带的检查</td><td colspan="3">1. 检查肩带和跨带是否有损坏、刮痕；
2. 检查导向器是否上下灵活移动；
3. 检查肩带安全锁定功能是否正常有效；
4. 检查扣环的锁止功能是否正常；
漏一项扣 5 分</td><td>20</td><td></td></tr>
<tr><td>3</td><td>儿童安全锁的检查</td><td colspan="3">1. 安全锁往下拨到底；
2. 关上车门，检查能否从车内打开车门；
漏一项扣 3 分</td><td>10</td><td></td></tr>
<tr><td>4</td><td>检查汽车底部部件损坏情况，螺母、螺栓紧固情况</td><td colspan="3">1. 检查驱动轴护套得 5 分；
2. 检查转向连接机构得 5 分；
3. 检查前、后制动软管得 5 分；
4. 检查燃油管、制动油管应无扭曲、凹瘪得 5 分；
5. 检查排气管接头、吊耳、消声器得 5 分；
6. 检查悬架得 5 分；
7. 检查汽车底部螺栓、螺母得 30 分。
第 1~6 项每漏一项扣 3 分，第 7 项每漏一项扣 1 分</td><td>60</td><td></td></tr>
<tr><td>安全</td><td colspan="4">1. 穿工服得 2 分，衣服和工作鞋各 1 分；
2. 工具掉地每次扣 1 分，扣完为止；
3. 操作过程出现人身伤害或工具损坏扣 4 分</td><td>5</td><td></td></tr>
</table>

十五、汽车二级维护——发动机舱各部件检查、紧固作业学习评价

（一）理论考核

1. 填空题。

（1）发动机舱各部件检查、紧固作业内容包括：

1) _____
2) _____
3) _____

（2）发动机舱各部件检查、紧固操作需要的注意事项包括：

1) _____
2) _____
3) _____
4) _____

2. 简答题。

（1）发动机舱管路的检查方法和技术要求是什么？

（2）冷却液冰点的检查方法和技术要求是什么？

（3）散热器盖的检查方法和技术要求是什么？

3. 自己动手制作一份发动机舱检查流程工单。

（二）技能考核

项目　汽车二级维护——发动机舱部件检查、紧固作业

<table>
<tr><td rowspan="2">基本信息</td><td>姓　名</td><td colspan="2"></td><td>学号</td><td colspan="2"></td><td>班级</td><td colspan="2"></td></tr>
<tr><td>时　间</td><td colspan="2">15 min</td><td>考核日期</td><td colspan="2"></td><td>总评成绩</td><td colspan="2"></td></tr>
<tr><td rowspan="6">任务工单</td><td colspan="2">序号</td><td colspan="2">内容</td><td colspan="3">评分标准</td><td>配分</td><td>得分</td></tr>
<tr><td colspan="2">1</td><td colspan="2">考核准备</td><td colspan="3">1. 换挡杆置于 P 位置；
2. 拉满驻车制动杆行程；
3. 安放车轮挡块，安装三件套及前格栅布、翼子板布；
4. 释放发动机舱盖释放杆并打开发动机舱盖；
漏一步扣 1 分</td><td>5</td><td></td></tr>
<tr><td colspan="2">2</td><td colspan="2">传动皮带的检查</td><td colspan="3">1. 操作方法正确得 15 分，不正确扣 10 分；
2. 描述技术要求得 10 分，描述不正确扣 5 分</td><td>25</td><td></td></tr>
<tr><td colspan="2">3</td><td colspan="2">油液连接管路的检查</td><td colspan="3">1. 操作方法正确得 15 分，不正确扣 10 分；
2. 描述技术要求得 10 分，描述不正确扣 5 分</td><td>25</td><td></td></tr>
<tr><td colspan="2">4</td><td colspan="2">水箱盖的检查</td><td colspan="3">1. 操作方法正确得 15 分，不正确扣 10 分；
2. 描述技术要求得 10 分，描述不正确扣 5 分</td><td>25</td><td></td></tr>
<tr><td colspan="2">5</td><td colspan="2">冷却液冰点的检查</td><td colspan="3">1. 操作方法正确得 15 分，不正确扣 10 分；
2. 描述技术要求得 10 分，描述不正确扣 5 分</td><td>25</td><td></td></tr>
<tr><td>安全</td><td colspan="7">1. 穿工服得 2 分，衣服和工作鞋各 1 分；
2. 工具掉地每次扣 1 分，扣完为止；
3. 操作过程出现人身伤害或工具损坏扣 4 分</td><td>5</td><td></td></tr>
</table>

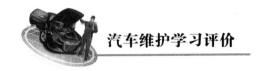

十六、雪佛兰轿车 40 000 km 维护作业学习评价

（一）理论考核

1. 填空题。

（1）40 000 km 维护作业包括_____、_____作业项目。

（2）车辆完成 40 000 km 维护作业中，举升机所处高度位置一般有_____个。

（3）举升机处于位置一时，维护的项目是_____、_____、_____、_____、_____。

（4）举升机处于位置三时，维护的项目是_____、_____、_____、_____、_____。

（5）举升机处于位置四时，维护的项目是_____、_____、_____、_____、_____。

（6）举升机处于位置五时，维护的项目是_____，举升机处于位置位置六时，维护的项目是_____。

（7）举升机处于位置七时，维护的项目最多，大约有_____个项目。

（8）发动机舱油液是指_____、_____、_____、_____、_____。

（9）汽车滤清器是指_____、_____、_____。

2. 简答题。

（1）驻车制动器和行车制动器检查的内容是什么？有什么技术要求？

（2）发动机起动时、暖机中、暖机后发动机舱检查的内容是什么？有什么技术要求？

十六、雪佛兰轿车 40 000 km 维护作业学习评价

（3）40 000 km 维护中，复检的内容是什么？有什么技术要求？

（4）车身内、外恢复清洁的内容及步骤有哪些？

3. 列出举升机在位置七时，汽车维护作业的项目。

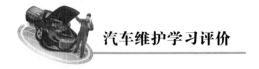

（二）技能考核

项目　雪佛兰轿车 40 000 km 维护作业

基本信息	姓　　名		学号		班级			
	时　　间	25 min	考核日期		总评成绩			
	序号	内容	评分标准				配分	得分
任务工单	1	考核准备	1. 换挡杆置于 P 位置； 2. 拉满驻车制动杆行程； 3. 安放车轮挡块，安装三件套及前格栅布、翼子板布； 4. 释放发动机舱盖释放杆并打开发动机舱盖； 漏一步扣 1 分				5	
	2	发动机舱油液的检查	1. 操作方法、步骤正确得 15 分，漏一步扣 2 分； 2. 描述技术要求得 5 分，描述不正确扣 2 分				20	
	3	驻车制动器和行车制动器的检查	1. 驻车制动器检查得 10 分，漏一步扣 3 分； 2. 行车制动器检查得 20 分，描述不正确扣 5 分				30	
	4	车灯的检查	1. 车外灯检查得 15 分，漏一步扣 2 分； 2. 车内灯检查得 10 分，漏一步扣 2 分				25	
	5	复检及恢复清洁	1. 复检得 10 分，漏一步扣 1 分； 2. 恢复清洁得 5 分，漏一步扣 1 分				15	
安全	1. 穿工服得 2 分，衣服和工作鞋各 1 分； 2. 工具掉地每次扣 1 分，扣完为止； 3. 操作过程出现人身伤害或工具损坏扣 4 分						5	

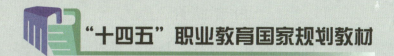

"十四五"职业教育国家规划教材

汽车维护

主　编　李　娜　卢民积
副主编　韦江彬　李明海　黄　惠　袁家旺
参　编　陆率帅　卢柳梅　陈永益

北京理工大学出版社
BEIJING INSTITUTE OF TECHNOLOGY PRESS

内 容 简 介

本书以汽车维护的"清洁""润滑""检查""补给""调整""紧固"作业为主线,以大量的实景图片为参照,详细地讲述了汽车定期维护和非定期维护的目的、作业内容、操作步骤、操作注意事项和技术要求等内容,有针对性地用实例示范了汽车维护与保养作业的操作流程。

本书共6个项目,主要内容有:汽车维护常用工具、量具和设备的使用,汽车油液使用技术,汽车日常维护与磨合期维护,汽车一级维护作业,汽车二级维护作业,雪佛兰轿车40 000 km维护作业。

本书可作为职业技术院校、技工学校汽车运用与维修专业及相关专业的教材,也可供汽车维修人员、汽车驾驶人员及相关管理人员参考。

版权专有　侵权必究

图书在版编目(CIP)数据

汽车维护 / 李娜,卢民积主编. -- 北京:北京理工大学出版社,2021.9(2024.2重印)

ISBN 978 – 7 – 5763 – 0256 – 1

Ⅰ. ①汽… Ⅱ. ①李… ②卢… Ⅲ. ①汽车 – 车辆修理 – 职业教育 – 教材 Ⅳ. ① U472.4

中国版本图书馆 CIP 数据核字(2021)第 176749 号

责任编辑:陆世立		**文案编辑:**陆世立	
责任校对:周瑞红		**责任印制:**边心超	

出版发行 / 北京理工大学出版社有限责任公司

社　　址 / 北京市丰台区四合庄路6号

邮　　编 / 100070

电　　话 /(010)68914026(教材售后服务热线)

　　　　　　(010)68944437(课件资源服务热线)

网　　址 / http://www.bitpress.com.cn

版 印 次 / 2024年2月第1版第3次印刷

印　　刷 / 定州市新华印刷有限公司

开　　本 / 889 mm × 1194 mm　1/16

印　　张 / 14

字　　数 / 270千字

定　　价 / 48.00元

图书出现印装质量问题,请拨打售后服务热线,负责调换

前言

一、本书编写的背景

党的二十大报告提出:"建设现代化产业体系,坚持把发展经济的着力点放在实体经济上,推进新型工业化,加快建设制造强国、质量强国、航天强国、交通强国、网络强国、数字中国。"随着人民生活水平的提高和国家政策的刺激与支持,汽车工业飞速发展,2020年我国汽车产销量分别达2 522.5万辆和2 531.1万辆,汽车作为便利的运输及交通工具已经走进了我国的千家万户,在此背景下,汽车售后服务业应运而生。汽车维护作为汽车售后服务的一项重要内容,逐渐向常规维护和免拆维护方向发展,"以养代修""七分养三分修"的理念逐步被人们认同和接受。另外,国家对车辆排放的要求越来越严格,为确保行车安全,降低能耗,减少环境污染,延长车辆使用寿命,我国现行的"预防为主、定期检测、强制维护、视情修理"的汽车维护原则也越来越多地被汽车维修企业接受。在工业发达国家,汽车维护作为一个新兴行业早已经得到迅速发展。汽车进维修企业,除了发生交通事故,或者是汽车的零部件出现异常损坏或达到了使用寿命需要更换,更多的是对车辆进行定期维护。如果维护方法得当,可以使车辆长期保持良好的工作状态,甚至可以使车辆终生无大修。有鉴于此,汽车维护行业需要大量的人才,而众多的技工学校、职业院校正是培养此类应用型人才的地方,为此,国家大力发展职业教育,对职业教育教学进行了很多改革,为了适应职业教育教学改革,满足培养汽车维护操作技能型人才的需求,便于青年学生、汽车维修人员、汽车驾驶员及相关管理人员更好、更全面地了解汽车维护知识,学习掌握汽车维护的基本方法和要领,我们深入企业进行调研,全面、具体分析汽车维护的实际典型案例后,组织编写了本书。

二、本书主要内容

本书依据职业院校长期从事职业教育的优秀教师及维修企业的专家的建议,以实用为原则以就业为导向,编排了汽车维护工具及设备的使用、汽车油液的使用、汽车日常维护、磨合期维护、一级维护、二级维护、40 000 km维护等内容,并附录有二级维护项目作业表。

三、本书的特色

1. 本书依据党的二十大精神,坚持产教融合。根据企业对车辆进行日常维护的工作任务，在企业专家的指导下，以二级维护、40 000 km 维护作为重点学习内容，同时，融入日常维护、磨合期维护及一级维护（首保）相关知识，使学生或驾驶员、汽车维修企业管理人员等学习者能全面掌握汽车维护相关知识。

2. 本书以现代汽车维护的"清洁""润滑""检查""补给""调整""紧固"作业为主线，以雪佛兰轿车、丰田轿车、五菱微型客车为例，用大量结构图、原理图、实景图，详细讲述了汽车定期维护和非定期维护的作业内容、操作注意事项、操作过程及技术要求等，内容系统、连贯、完整，具有较强的实用性，既适合技工学校、职业院校作为教材使用，也适合汽车驾驶员及汽车维修企业管理人员学习使用。

3. 党的二十大报告提出"把大国工匠和高技能人才作为人才强国战略的重要组成部分。"本书每个工作任务按"准备工作——操作步骤——技术要求"几部分进行实施，培养学习者规范、严谨、精益求精的工匠精神。

4. 结合全国职业院校技能比赛情况，以雪佛兰轿车 40 000 km 维护为典型案例，详细介绍汽车维护的流程，并附录了汽车二级维护作业表，促进以赛促学。

5. 本书充分体现以学生为主体，以就业为导向，按企业岗位需求，以培养实用型汽车维护人才为根本任务设置学习内容，摒弃了过去教材的陈旧知识。

四、本书使用建议

1. 配备理实一体教学场地。
2. 以理实一体的模式进行教学。
3. 本书建议教学总课时为 72 课时，其中项目准备 2 课时，项目一汽车维护常用工具、量具、设备的使用 8 课时，项目二汽车油液使用技术 8 课时，项目三汽车日常维护及磨合期维护 8 课时，项目四汽车一级维护作业 10 课时，项目五汽车二级维护作业 16 课时，项目六雪佛兰轿车 40 000 km 维护作业 20 课时。

五、本书编写团队

本书由柳州市第二职业技术学校李娜、灵山县职业技术学校卢民积任主编，柳州市第二职业技术学校韦江彬、灵山县职业技术学校李明海、柳州市第二职业技术学校黄惠、广西理工职业技术学校袁家旺任副主编，参与编写的还有柳州市第二职业技术学校陆率帅、柳州市第二职业技术学校卢柳梅、广西玉柴机器股份有限公司陈永益。

由于编者经历和水平有限，书中难免有不足之处，恳请相关领域专家和广大读者提出宝贵意见。

编　者

目录

项目准备　汽车维护知识 …………………………………………………… 1

项目一　汽车维护常用工具、量具、设备的使用 ………………………… 6
　　任务一　汽车维护常用工具的使用 ………………………………………… 7
　　任务二　汽车维护常用量具的使用 ……………………………………… 13
　　任务三　举升机的使用 …………………………………………………… 19

项目二　汽车油液使用技术 ………………………………………………… 24
　　任务一　发动机机油的选用与更换 ……………………………………… 25
　　任务二　齿轮油选用与更换 ……………………………………………… 29
　　任务三　制动液的选用与更换 …………………………………………… 33
　　任务四　冷却液的选用与更换 …………………………………………… 37

项目三　汽车日常维护及磨合期维护 …………………………………… 41
　　任务一　汽车日常维护 …………………………………………………… 42
　　任务二　汽车磨合期维护 ………………………………………………… 45

项目四　汽车一级维护作业 ………………………………………………… 48
　　任务一　车辆的清洁 ……………………………………………………… 50
　　任务二　润滑和补给作业 ………………………………………………… 54
　　任务三　检查、调整、紧固作业 ………………………………………… 58

项目五　汽车二级维护作业 ··· 66

任务一　汽车油液的检查、补给及部件的润滑作业 ·· 70
任务二　车身电器及方向盘、制动器的检查、调整作业 ·· 77
任务三　车身部件及汽车底部的检查、紧固作业 ·· 89
任务四　发动机舱各部件的检查、紧固作业 ·· 98

项目六　雪佛兰轿车 40 000 km 维护作业 ··· 102

任务一　车内护套、护垫的安放 ·· 104
任务二　发动机舱油液的检查 ··· 107
任务三　汽车车灯的检查 ·· 112
任务四　玻璃喷洗器和雨刮器的检查 ·· 119
任务五　喇叭、方向盘的检查 ··· 122
任务六　驻车制动器和行车制动器的检查 ·· 124
任务七　汽车车身内、外部件的检查 ·· 128
任务八　汽车底部油液泄漏情况的检查 ··· 136
任务九　汽车底部安装件及螺母、螺栓紧固情况的检查 ·· 140
任务十　车轮轴承的检查及车轮的拆卸与检查 ·· 146
任务十一　盘式制动器的拆卸与检查 ·· 149
任务十二　制动拖滞的检查及车轮的安装 ·· 153
任务十三　发动机起动前的检查 ·· 155
任务十四　起动发动机及暖机过程、暖机后的检查 ·· 159
任务十五　复检及恢复清洁 ·· 164

附录一　汽车维护与保养项目作业工单 ··· 167

参考文献 ··· 177

项目准备

汽车维护知识

学习目标

知识目标：

1）了解汽车维护和汽车维护制度的定义；
2）熟悉我国汽车维护的基本原则；
3）熟悉汽车维护种类、维护周期；
4）理解汽车维护的目的。

能力目标：

1）能说出汽车维护及汽车维护制度定义、汽车维护原则、维护种类；
2）能正确描述汽车维护的目的；
3）能根据所学汽车维护知识制定工作计划并实施。

素质目标：

1）具有较强的口头与书面表达能力、人际沟通能力；
2）具有较强的团队精神和协作精神；
3）具有良好的心理素质和克服困难的能力；
4）能与客户建立良好、持久的关系。

一、汽车维护的概念

汽车维护是指维持汽车完好技术状况或工作能力而进行的作业。

1）广义的汽车维护，含汽车美容，汽车装饰和汽车日常维护、一级维护、二级维护及相关的检测。

2）狭义的汽车维护，指汽车在使用中进行的预防性维护作业，含清洁作业、检查作业、紧固作业、调整作业等。

二、汽车维护的作业规范

汽车维护的作业规范是：除主要总成发生故障外，不能对车辆总成进行解体。

三、汽车维护制度

汽车维护制度是指对汽车进行维护工作而规定的技术性组织措施，是贯彻安全第一、预防为主，保障汽车安全运行的基本制度。我国的汽车维护制度贯彻"预防为主、定期检测、强制维护、视情修理"原则。

四、汽车维护的目的

汽车维护的目的是：保持车辆外观整洁，延长汽车零部件的使用寿命，减少不必要的损坏，并及时发现和消除故障隐患，使车辆保持良好的技术状况，保证行车安全，延长大修间隔里程，确保车辆具有良好的动力性、经济性、耐久性、可靠性，减少噪声、废气的污染。

五、汽车维护的种类

依据维护作业的周期和性质不同，可将汽车维护分为定期维护和非定期维护。其中，定期维护包括日常维护、一级维护、二级维护；非定期维护包括磨合期维护、季节性维护。

（一）日常维护

汽车日常维护是指以清洁、补给、安全检视为中心的维护作业。由驾驶员完成，是汽车其他维护的基础。日常维护应坚持"三检""四清""四防"制度。

1）"三检"：出车前、行车中、收车后车辆安全部件、连接件的检查。

2）"四清"：机油滤清器、空气滤清器、燃油滤清器、蓄电池的清洁。

3）"四防"：防润滑油（脂）、燃油漏油；防冷却液漏液；防轮胎漏气；防电源漏电。

（二）一级维护

一级维护指除日常维护工作外，以润滑、紧固为中心，并检查相关安全部件的维护作业。由维修企业完成，车辆每行驶 5 000~7 500 km 进行。

（三）二级维护

二级维护指除一级维护工作外，以检查、调整易磨损、变形的安全部件为中心，并进行轮胎拆检、轮胎换位的维护作业。由维修企业完成，车辆每行驶 15 000~20 000 km 进行。二级维护工作流程如图 0-1 所示。

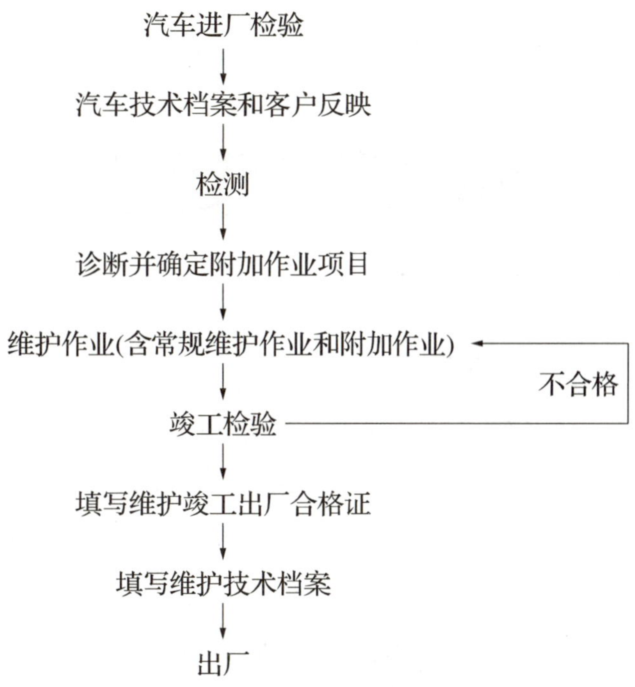

（四）磨合期维护

磨合期维护指新车、大修车在磨合期内以清洁、润滑、紧固为中心的维护作业。由生产企业免费提供服务，在车辆行驶 1 000~3 000 km 里程内进行。

（五）季节性维护

季节性维护又称换季维护，指在季节变换之前为使汽车适应季节变换而实施的维护。

季节性维护通常结合定期维护一并进行，重点是更换适合季节使用的润滑油、冷却液及调整蓄电池电解液密度和液面高度，采取防寒、防冻、防滑等保护措施。

汽车进厂检验
↓
汽车技术档案和客户反映
↓
检测
↓
诊断并确定附加作业项目
↓
维护作业(含常规维护作业和附加作业) ← 不合格
↓
竣工检验
↓
填写维护竣工出厂合格证
↓
填写维护技术档案
↓
出厂

图 0-1　二级维护工作流程

六、汽车维护周期

（一）维护周期的定义

维护周期指同级维护之间间隔的里程或间隔的时间。

（二）维护周期的制定依据

1. 日常维护

据 GB/T 18344—2016《汽车维护、检测、诊断技术规范》规定，日常维护的周期为：出车前、行车中、收车后维护。

2. 一、二级维护

一、二级维护周期依据车辆使用说明书，结合汽车使用条件、使用强度等因素，由各省、市交通主管部门确定。

一级维护周期：一般为 5 000~7 500 km（或 6 个月）或根据具体车型而定，以先到者为准。

二级维护周期：15 000~20 000 km。

七、汽车维护安全注意事项

（一）个人安全

1. 眼睛的防护

在汽车维护过程中会有意想不到的飞来物体或飞溅液体，在使用压缩空气、清洗剂时应考虑佩戴防护目镜，如图 0-2 所示。

2. 手的保护

1）作业时，不把手放到发动机传动带、排气管或发动机舱盖、门框等区域。

2）戴防护手套。检查轮胎、排气管、车底安装件、冷却液等部位时需要戴防护手套，如图 0-3 所示。

3. 衣服、头发、物饰

进行汽车维护必须穿合体的工作服并扣好衣扣，不戴手表或其他饰物，穿防滑劳保鞋；长头发要扎起并戴上帽子，如图 0-3 所示。

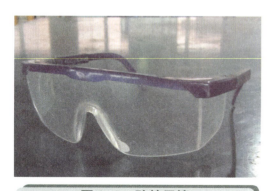

图 0-2　防护目镜

图 0-3　防护服及防护手套

（二）工具及设备安全

1）不使用损坏的工具，工具使用完毕应及时放回工具车并摆放整齐。

2）不用工具代替撬棍。

3）使用尖利的工具时，尖利一端不朝向自己或其他人，举起工具的幅度不应过大，以免伤人。

4）工具和设备在使用前要先检查其安全性能，不了解使用方法前不操作工具和设备。

5）使用千斤顶顶起车辆时，人不能进入车底；使用举升机举升车辆时，必须先释放安全保险后才能进入车底进行维护作业；千斤顶和举升机要按正确的规程操作。

6）使用压缩空气时，不把空气对着自己或其他人。

（三）用电安全

220 V 或 380 V 导线必须可靠绝缘；整理移动排插、电动工具时应先切断电源。

项目小结

汽车维护的目的是保持车辆外观整洁，延长汽车使用寿命，及时发现和消除故障隐患，使车辆保持良好的技术状况，保证行车安全，确保车辆具有良好的经济性，减少噪声、废气的污染。

汽车维护制度贯彻"预防为主、定期检测、强制维护、视情修理"原则。汽车定期维护分日常维护、一级维护、二级维护。汽车维护以"清洁""润滑""检查""补给""紧固""调整"为作业内容。汽车维护必须注意个人安全、工具及设备安全、用电安全。

项目一
汽车维护常用工具、量具、设备的使用

汽车维护常用工具主要有扳手、起子、钳子等，常用量具主要有轮胎气压表、电解液密度计、万用表、轮胎胎纹深度规、百分表等，常用设备主要是举升机。

学习目标

知识目标：
1）熟悉汽车维护常用工具、量具、设备的类型。
2）熟悉汽车维护常用工具、量具、设备的使用注意事项。
3）掌握汽车维护常用工具、量具、设备的使用方法。

能力目标：
1）能描述汽车维护常用工具、量具、设备的类型。
2）能描述汽车维护常用工具、量具、设备的使用注意事项。
3）能正确使用汽车维护常用工具、量具、设备。

素质目标：
1）树立规范做事、安全操作的意识。
2）培养精益求精的工匠精神。

任务一　汽车维护常用工具的使用

任务导入

南宁市一家 4S 店招聘汽保技工，两名刚从职校毕业的学生来应聘，4S 店招聘负责人给这两名学生布置了 3 个任务进行考核。第一个任务是从工具箱内选出轿车 40 000 km 维护所需的常用工具，并进行操作演示。应聘者要完成这项任务，必须了解、熟悉常用工具的特点、使用方法及注意事项。

知识准备

一、汽车维护常用的工具

汽车维护常用的工具主要有扳手、起子、钳子等。

二、常用工具的选用原则

1) 根据工作部位选用工具。首选套筒扳手，其次选用梅花扳手，最后选择开口扳手。

2) 根据工作速度选用工具。旋转空间窄小的螺栓、螺母可选用套筒扳手。棘轮柄配合套筒使用，可以大幅度提高工作效率。

3) 根据扭矩的大小选用工具。需要大扭矩的螺栓、螺母可选用长柄工具，但要注意用力不宜过猛。

操作注意事项：

1) 工具的规格必须与需要拆装的螺栓、螺母规格一致；

2) 要使用向内拉动或用手掌推动工具的方法拆装螺栓、螺母。

任务实施

一、套筒扳手的使用

（一）准备工作

1）整车2辆。

2）各种常用工具、工具车。

（二）操作步骤

1）选出合适的延伸杆套入扳手手柄。

2）选出与所拆螺栓或螺母规格一致的套筒套入延伸杆。

3）左手握住套筒手杆前端，右手握住套筒杆后端手柄向内扳转。

（三）技术要求

1）应尽量用浅腔套筒，少用深腔套筒。深腔套筒容易使紧固螺栓、螺母滑丝；薄壁套筒不能作冲击套筒使用。

2）棘轮手柄配合套筒使用时，应先用其他扳手把螺栓、螺母拧松后再使用棘轮手柄。

3）紧固扭矩较大的螺栓、螺母时，棘轮手柄只能用来预紧，不能作为最后的紧固工具。

4）使用棘轮手柄时，要朝自己方向用力拉动手柄。套筒扳手相关工具及使用分别如图1-1~图1-5所示。

图1-1　浅腔薄壁套筒

图1-2　浅腔厚壁套筒

图1-3　深腔套筒

项目一 汽车维护常用工具、量具、设备的使用

图1-4 组合工具

图1-5 套筒扳手的使用

二、梅花扳手、开口扳手的使用

(一)准备工作

准备 8~10 mm，9~11 mm，12~14 mm，13~15 mm，14~17 mm，17~19 mm，22~24 mm 规格扳手。

(二)操作方法

操作方法如图1-6、图1-7所示。

图 1-6 梅花扳手的使用

图 1-7 开口扳手的使用

（三）技术要求

1）扳手与所拆螺栓、螺母规格要一致。

2）用拉力拆装时，拉力作用在开口较厚的一边，并顺时针拉动扳手。

3）用推力拆装时，用手掌力推动扳手，不用握推的方法，以免伤到手指。

三、扭矩扳手的使用

（一）指针式扭矩扳手的操作步骤

1）选出合适的延伸杆套入扭矩扳手。

2）选出与所拆螺栓或螺母规格一致的套筒套入延伸杆。

3）扳手套入螺栓或螺母后，按规定的扭矩把扳手手柄往自己的方向顺时针拉动，使扳手的指针指在刻度盘上规定的扭矩值即可。指针式扭矩扳手的外观及使用分别如图 1-8 和图 1-9 所示。

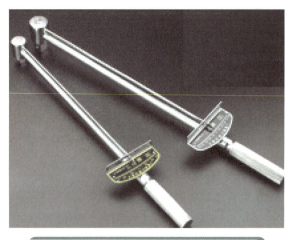

图 1-8 指针式扭矩扳手

图 1-9 指针式扭矩扳手的使用

（二）预置式扭矩扳手的操作步骤和技术要求

1. 操作步骤

1）选出合适的延伸杆套入扭矩扳手，如图1-10所示。

2）逆时针转动扳手的锁止装置使扳手解锁，如图1-11所示。

3）转动扳手手柄，使手柄前端的边缘与杆身上所需调整的扭矩读数刻度线贴合，如图1-12所示，预调的扭矩是80 N·m。

4）选出与所拆螺栓或螺母规格一致的套筒，套入延伸杆后再套入要紧固的螺栓或螺母，并调整好旋转方向，如图1-13所示。

5）往自己方向拉动扳手手柄，听到扳手发出"滴答"一声后，停止拉动扳手。

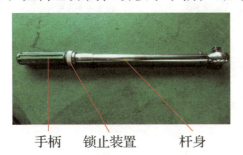

图1-10 预置式扭矩扳手

图1-11 扳手解锁与锁止

图1-12 扳手扭矩调整

图1-13 扳手转向调整

2. 技术要求

1）不能用预置式扭矩扳手拆卸紧固的螺母螺栓，否则会损坏扳手；

2）听到扳手发出"滴答"一声后应立即停止拉动扳手，否则会损坏扳手。

（三）气动冲击扳手的操作步骤和技术要求

1. 操作步骤

1）把空气压缩机气压管与气动冲击扳手连接管连接起来。

2）按需要调整气动冲击扳手旋转方向。把方向旋钮从扳手的右侧向左侧推到底，或把方向旋钮从扳手的左侧向右侧推到底，扳手的转子转动方向会发生改变。气动冲击扳手如图1-14所示。

3）选择合适的厚壁套筒装入气动冲击扳手的转子驱动杆，如图1-15所示。套筒规格与要拆装的螺栓螺母规格一致。

4）调整气动冲击扳手的转速。方向旋钮上有"1""2""3""4"4个挡位，调整时，把旋钮上的各挡刻度线对齐旋钮旁的刻度线即可。拆装轿车轮胎螺栓、螺母多用"2"挡或"3"挡。

5）把气动冲击扳手上的冲击套筒套入要拆装的螺栓螺母，按下气动开关即可，如图1-16所示。

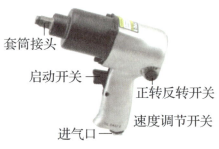

图1-14　气动冲击扳手

图1-15　气动冲击扳手套筒安装

图1-16　按下气动扳手开关

2. 技术要求

1）使用气动冲击扳手时，要选用冲击套筒及其接杆。

2）检查气动冲击扳手转向时，不能装入套筒检查。

3）气动冲击扳手不能用来紧固关键零件，只能用来进行预紧。

4）使用气动冲击扳手时，一手抓住扳手前端，另一手抓住手柄，扳手发出"嗒、嗒、嗒、嗒"的响声3~4声后应松开按钮，稍停顿后再次按下按钮让扳手工作，否则容易损坏扳手。

（四）起子和钳子的操作方法及注意事项

1. 操作方法

选择规格合适的起子，使起子与螺栓成一直线，顺时针或逆时针用力转动起子即可。

2. 操作注意事项

使用起子时，不能把起子当冲击起子或撬棍使用；使用钳子时，不能把钳子当铁砧或锤子使用。起子和钳子如图1-17所示。

起子　　鲤鱼钳　　尖嘴钳　　钢丝钳

图1-17　起子和钳子

任务二　汽车维护常用量具的使用

任务导入

南宁市一家4S店招聘汽保技工,两名刚从职校毕业的学生来应聘,4S店招聘负责人给这两名学生布置了3个任务进行考核。第二个任务是从工具箱内选出轿车40 000 km保养所需的常用量具,并进行操作演示。两名学生要完成这项任务,必须了解、熟悉常用量具特点、使用方法及使用注意事项。

知识准备

一、汽车维护常用的量具

汽车维护常用的量具有轮胎气压表、电解液相对密度计、便携式折射计、万用表、轮胎胎纹深度规、百分表等。其中,万用表分指针式万用表和数字式万用表两种。

二、量具使用注意事项

1）测量时与工件接触应适当,不可偏斜,要避免用手触及测量面,以保护量具。
2）测量压力应适当,过大的测量压力会产生测量误差,且容易对量具产生损伤。
3）量具的量杆要与工件垂直,否则测量不准确。
4）不可测量转动中的工件,以免发生危险。
5）不要将量具强行推入工件中使用。
6）不可随意敲击、乱丢或乱放量具。
7）量具的使用应遵照一定的方法和步骤。

任务实施

一、轮胎气压表的使用

（一）准备工作

1）整车 2 辆、轮胎 4 个、蓄电池 4 个。

2）各种常用量具、工具车、工作台。

（二）操作步骤

轮胎气压表如图 1-18、图 1-19 所示。

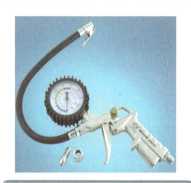

图 1-18 轮胎气压表

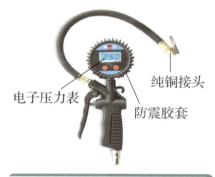

电子压力表　纯铜接头　防震胶套

图 1-19 轮胎气压表

1. 检查气压

（1）用手压下气嘴锁夹。

（2）把气门嘴套入轮胎气门上，如图 1-20 所示。

（3）读出表上指针所指读数，气压不足的应进行充气，如图 1-21 所示。

图 1-20 安装气压表气管夹具

图 1-21 检查轮胎气压

2. 充气

1）把空压机气管接到打气枪气管上，如图 1-22、图 1-23 所示。

项目一　汽车维护常用工具、量具、设备的使用

图 1-22　安装充气枪快速接头

图 1-23　充气枪与气管的连接

2）用手压下气嘴锁夹，然后把气门嘴套入轮胎气门上。

3）核对轮胎标准气压（一般标在前门门柱下方，如图 1-24 所示）。

4）压下气枪开关手柄，空压机即给轮胎充气，如图 1-25 所示。

充气过程中，视轮胎气压情况，充气片刻应松开气枪开关手柄检查轮胎压力，直到达到标准压力值为止。压力表如图 1-26 所示。

压力单位：MPa（兆帕）、kPa（千帕）、kg（公斤）、bar（巴）。

单位换算：1 MPa=1 000 kPa，1 kg=100 kPa =1 bar。

图 1-24　轮胎标准气压

图 1-25　充气

图 1-26　气压表

二、电解液相对密度计和便携式折射计等量具的使用

电解液相对密度计和便携式折射计分别如图 1-27 和图 1-28 所示。

图 1-27　电解液相对密度计

图 1-28　便携式折射计

（一）电解液相对密度计的操作步骤和注意事项

1. 操作步骤

1）捏住橡皮球，排出密度计内的气，如图 1-29 所示。

2）密度计吸管伸入蓄电池单格内，如图1-30所示，慢慢松开橡皮球吸入电解液，当电解液液面上升到玻璃管2/3位置，如图1-31所示时，完全松开橡皮球。

3）把密度计轻轻提起到吸管要离开蓄电池单格时，眼睛平视电解液液面，如图1-32所示，观察密度芯与液面对齐的刻线，读出该刻线的读数，即为电解液相对密度。

图1-29 排空气

图1-30 吸管伸入电池单格

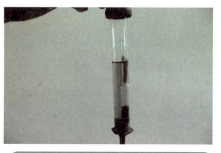

图1-31 吸入电解液

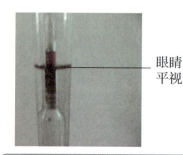

图1-32 观察液面位置

2. 操作注意事项

电解液相对密度计为易碎品，使用过程中应小心轻放，使用后要把密度计内的电解液排干。

（二）便携式折射计的操作步骤

1）打开折射计玻璃防护罩。

2）把玻璃擦拭干净后，用吸管吸一滴电解液或冷却液滴在折射计玻璃中间（玻璃应保持水平状态），用眼睛从观察镜观察，读出与色带上边缘线贴合的刻度线读数即为电解液密度相对密度或冷却液冰点。

（三）万用表的使用

1. 万用表的作用

万用表用来测量电阻、电压、电流、电容，以及晶体二极管、三极管等的基本参数。

2. 数字万用表的认识

如图1-33所示，以A830L型数字万用表为例，重点认识数字万用表，熟悉万用表电源开关、量程开关等开关及插孔的作用和使用中要注意的事项。

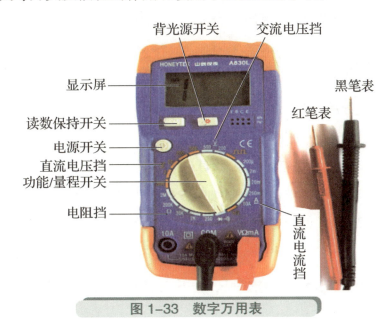

图 1-33 数字万用表

3. 数字万用表的使用（以 A830L 型数字万用表为例）

（1）电阻挡的操作步骤

1）把红表笔插入 VΩmA 插孔，黑表笔插入 COM 插孔，如图 1-33 所示。

2）把量程开关调到 Ω 挡合适的量程，具体的量程选用方法如下。

200Ω 量程：测量电阻值在 200 Ω 以下的电器元件的电阻。

2kΩ 量程：测量电阻值大于 200 Ω 而又小 2 kΩ 的电器元件的电阻。

20kΩ 量程：测量电阻值大于 2 kΩ 而又小于 20 kΩ 的电器元件的电阻。

200kΩ 量程：测量电阻值大于 20 kΩ 而又小于 200 kΩ 的电器元件的电阻。

2M 量程：测量电阻值在 200 kΩ 以上的电器元件的电阻。

3）将万用表红、黑表笔分别接到待测电阻两端，显示屏即显示电阻的读数。测附加电阻和点火线圈电阻分别如图 1-34 和图 1-35 所示。

图 1-34 测附加电阻

图 1-35 测点火线圈电阻

使用电阻挡要注意的事项：

1）不能用电阻挡测量电路的电压、电流，应先切断电路电源后再进行测量，否则会损坏万用表；

2）测量中，显示屏显示"1"表示所用量程太小，应选择更高的量程。

（2）直流电压挡的操作步骤

1）把红表笔插入 VΩmA 插孔，黑表笔插入 COM 插孔。

2）把量程开关调到 V 挡合适的量程，具体的量程选用方法如下。

2V 量程：测量 2 V 以下的电源电压（如 1.5 V 干电池）。

20V 量程：测量 2~20 V 的电源电压（如 6 V、12 V 蓄电池）。

200V 量程：测量 20~200 V 的电源电压（如 36 V、48 V 串联电池组）。

⚠️ **注意**：不了解所测的电源电压范围时，应从最高量程开始测量，逐渐降低量程进行测试。

3）将红表笔接电源正极（+），黑表笔接电源负极（–），显示屏即显示电压的读数。

（3）交流电压挡的操作步骤

1）把红表笔插入 VΩmA 插孔，黑表笔插入 COM 插孔。

2）把量程开关调到 V~ 挡合适的量程，具体的量程选用方法如下。

200V 量程：测量 200 V 以下的交流电。

500V 量程：测量 200~500 V 的交流电（如 220 V、380 V 交流电）。

3）将两支表笔与火线、零线分别相接（不分正负极），显示屏即显示电压的读数。

⚠️ **注意**：不了解所测的电源电压范围时，应从最高量程开始测量，逐渐降低量程进行测试。

使用电压挡要注意的事项：

所用的量程要比待测电源的额定电压大，输入万用表的电压不能高于表上标示的最高量程。

（4）直流电流挡的操作步骤

1）把红表笔插入 VΩmA 插孔，黑表笔插入 COM 插孔。待测电源电流大于 200 mA 时，把红表笔插入 10A 插孔，黑表笔继续插在 COM 插孔中。

2）把量程开关调到 A 挡合适的量程：待测电流大于 200 mA 时，用 10 A 量程。

3）把万用表两支表笔串接于待测电路中，显示屏即显示电流的读数。

⚠️ **注意**：待测电路中应串接有用电器，不了解所测的电路电流范围的，从最高量程开始测量，逐渐降低量程进行测试。电路必须连接有负载。

（四）轮胎深度规的使用

1. 轮胎深度规的认识

不同种类的深度规如图1-36所示。

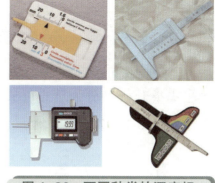

2. 深度规的操作步骤

1）测量前了解深度规色环上的刻度标记的作用。

2）把深度规垂直插入轮胎胎面沟槽。

图1-36 不同种类的深度规

3）使深度规架的底部与胎面贴合，捏住并取出深度规，读出色环上三角标记"◀"对齐的刻度线读数即为轮胎胎纹深度（注意：要把读数的单位换算成mm）。

3. 技术要求

深度规要垂直于测量部位的胎面，并且要完全插入胎槽底部。

任务三　举升机的使用

任务导入

南宁市一家4S店招聘汽保技工，两名刚从职校毕业的学生来应聘，4S店招聘负责人给这两名学生布置了3个任务进行考核。第三个任务是用举升机升降车辆。两名学生要完成这项任务，必须了解、熟悉举升机的结构、使用方法及使用注意事项。

知识准备

一、举升机的作用

举升机用来举升待修车辆，减轻工作强度，提高工作效率。

二、举升机的种类

按结构不同,可将举升机分为立柱式举升机、龙门式举升机、剪式举升机等。其中,立柱式举升机又分为单立柱式举升机、二立柱式举升机、四立柱式举升机。不同种类的举升机如图1-37所示。

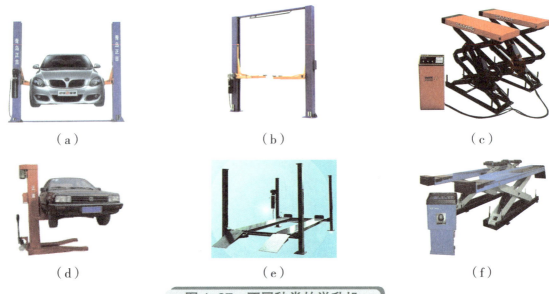

图1-37 不同种类的举升机

(a)二立柱式举升机;(b)龙门式举升机;(c)小剪式举升机;
(d)单立柱式举升机;(e)四立柱式举升机;(f)大剪式举升机

三、举升机的结构

1)剪式举升机的结构如图1-38所示(以戴卡汽车举升机为例)。

2)立柱式举升机的结构如图1-39所示(以菏泽双柱举升机为例)。

图1-38 剪刀式举升机结构

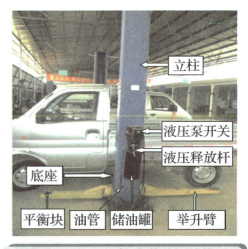

图1-39 二立柱式举升机结构

四、操作举升机应注意的事项

1）升降车辆时人员应离开车辆，操作人员要发出"升车请注意""降车请注意"警示。

2）车辆举升到所需高度后，必须按下 LOCK（锁止）自锁安全保险按钮，锁止举升机，并确保安全可靠才能开始进行车底作业。

3）除车辆维护及小修项目外，其他烦琐笨重部件的拆装作业，不得在举升机上操作。

4）举升机不得频繁升降。

5）升车时举升要平稳，降车时下降要缓慢。

6）有人在汽车内、外作业时，严禁升、降举升机。

7）发现操作机构不灵、电动机不同步、托架不平或液压部分漏油，应及时报修，不得操作举升机。

8）车辆维护或检修作业完成后应清除杂物，清扫举升机周围场地以保持整洁。

9）定期（半年）排除举升机油缸积水，并检查油量，油量不足应及时加注相同牌号的压力油。同时，应检查、润滑举升机传动齿轮及链条。

任务实施

一、二柱式举升机的使用

（一）准备工作

1）整车 2 辆。

2）二柱式举升机、剪式举升机。

（二）操作步骤

1. 操作前的准备

1）清除举升机周围妨碍作业的器具及杂物。

2）检查安全部件。

①检查举升臂锁止螺栓能否牢固锁止举升臂，如图 1-40 所示。

②检查平衡块是否损坏，如图 1-40 所示。

③检查两侧立柱紧固螺栓是否松动，立柱是否倾斜。

④检查液压油管、储油罐是否泄漏。

⑤检查液压泵电缆绝缘胶是否损坏。

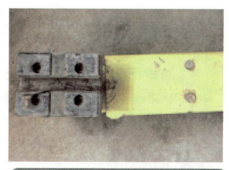

图 1-40 检查锁止螺栓、平衡块

2. 举升机空载试验

1）按下液压泵电源开关按钮，检查开关能否正常使用，如图 1-41 所示。

2）检查机械安全保险装置能否发出"喀嗒、喀嗒"的撞击声。

3）检查两侧举升臂是否同步平稳上升；按下液压释放杆，检查安全装置能否牢固锁止举升臂，如图 1-42 所示。

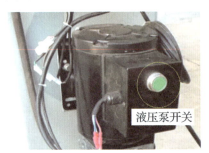

图 1-41　检查液压泵开关

图 1-42　液压释放杆

3. 举升车辆

1）摆直两侧前后举升臂，把待举升车辆驶入举升机中间并将举升重心调整合适。

2）初步调整前后平衡块高度，使其前后、左右基本保持平衡。

3）把举升臂推入车底，找到合适的举升点（离前、后轮 20~35 cm 的车身底部凸沿或前、后横梁），调整前后平衡块高度，平衡块定位槽对好车架凸沿。

4）按下电源开关，升起举升臂，平衡块恰好顶到车辆时，检查平衡块定位槽是否套入举升点凸沿。没有套入时，应降下举升臂进行微调。

5）按下电源开关，将车辆升起大约 1 m 后，到车辆前部检查车身有无倾斜。

6）将车辆举升到合适高度后，松开电源开关，并按下液压释放杆，释放安全锁止装置。

4. 降下车辆

1）按下电源开关，将车辆升起少许后，快速拉、放一下安全装置释放钢索，释放安全锁止装置。

2）按下液压释放杆，将车辆缓慢降下，车辆完全平稳地落地后松开液压释放杆。

3）把举升臂拉出摆直并将车辆驶离工位。

二、剪式举升机的使用

（一）准备工作

1. 清除障碍物

清除举升机附近妨碍作业的器具及杂物。

2. 检查安全部件

1）检查自锁安全保险（如图 1-43 所示）是否有损坏、移位现象。

2）检查电缆绝缘胶是否破损，支撑块是否损坏。

3）将待举升车辆驶入举升机支撑板，使车辆重心位于举升机中心。

4）安放并调整支撑块到车辆规定的举升点。

图 1-43 自锁安全保险

（二）升、降车辆

1）接通电源，按下举升机控制箱 UP 按钮，升起举升机直到支撑块准备顶到车辆规定的举升点时松开按钮，检查并微调支撑块位置，如图 1-44、图 1-45 所示。

图 1-44 控制箱控制按钮

图 1-45 安放支撑块

2）按下 UP 控制按钮，将车辆举升 1 mm 左右时松开 UP 按钮，并按下 LOCK（锁止）按钮，然后双手轻摇车身，检查车辆是否平稳支撑。

3）按下 UP 按钮继续举升车辆，至合适高度后，再次按下 LOCK（锁止）按钮，锁止举升机。

4）车辆维护或检修完毕，先按下 UP 按钮，解除安全装置锁止状态，再按下 DOWN 按钮降下车辆，直至车辆平稳停靠地面。

5）移走支撑块，并把车辆驶离举升工位。

项目小结

汽车维护常用工具包括钳子、起子、扳手，在使用过程中，要按照操作规范正确使用工具。

汽车维护常用量具包括轮胎气压表、电解液相对密度计、万用表、轮胎胎纹深度规、百分表等，在使用过程中要按照操作规范正确使用量具。

举升机有立柱式举升机、龙门式举升机、剪式举升机等，在使用举升机前应对举升机部件进行安全检查，使用过程中要按举升机的操作规程正确使用举升机。

项目二
汽车油液使用技术

> **学习目标** →
>
> **知识目标：**
>
> 1）熟悉汽车油液的类型。
>
> 2）熟悉汽车油液选用原则及注意事项。
>
> 3）掌握汽车油液更换方法。
>
> **能力目标：**
>
> 1）能描述汽车油液的类型。
>
> 2）能描述汽车油液选用原则及注意事项。
>
> 3）能正确选用及更换汽车油液。
>
> **素质目标：**
>
> 1）培养诚实守信的品质。
>
> 2）培养环保意识。

任务一 发动机机油的选用与更换

任务导入

一辆比亚迪F6轿车进4S店进行首保，车主顺便向技术人员咨询发动机机油的使用知识。要清楚解释车主咨询的问题，技术人员必须具备发动机机油的功用、分类、选用等相关知识

知识准备

一、机油的作用

机油用于润滑和清洗发动机运动件摩擦表面，冷却发动机运动件，加强汽缸的密封性并防止机件生锈。

二、机油的分类

参照美国石油学会和美国汽车工程师学会对机油牌号的分类标准，我国把机油分为低温用油、高温用油、多级机油等3类。

1）低温用油：0W，5W，10W，20W，30W，40W，50W，60W。
2）高温用油：20，30，40，50，60。
3）多级机油：5W-30，10W-40，15W-40，20W-40，20W-20 等。

☺ 提示：带"W"的为冬季用机油，无"W"的为夏季用机油。多级机油冬夏通用。

"W"前面的数字表示机油的低温流动性好坏，数字越小低温流动性越好，表示可供使用的环境温度越低；"W"后面的数字代表100℃时运动黏度标准数值，这个数字表示机油耐高温性的指标，数值越大说明机油黏度越大，在高温下的保护性能越好。

1）汽油机机油有 SA、SB、SC、SD、SE、SF、SG、SH、SL 等几个等级，越往后等级越高，品质越好。

2）柴油机机油有 CC、CD、CD-Ⅱ、CE、CF-4 等几个等级，越往后等级越高，品质越好。

> 提示：汽油机机油 SD 级以上是国产高级车用机油，标有 SE/CC 字母的机油则为汽油、柴油机两用机油。

常用机油如图 2-1 所示。

（a） （b） （c）

图 2-1 常用机油

（a）SF15W-40 机油；（b）SM 5W-20 机油；（c）SL5W-30 机油

三、机油的选用

（一）选用机油的重要性

机油相当于发动机的血液，选用及更换是否正确直接影响发动机的工作性能和使用寿命。

（二）选用机油的原则

1）生产年份靠后的车辆，选用等级较高的机油。

2）有催化转换装置的车辆，按净化装置的类型选用适当级别的机油。

3）有废气再循环装置的车辆，选用 SE 级机油。

4）有曲轴箱强制通风装置的车辆，选用 SD 级机油。

5）没有装净化装置的车辆可选用 SC 级机油。

（三）选用机油应注意的事项

1）汽油机用的机油不能在柴油机上使用。标有通用标示的通用油才能互换使用。

2）尽量使用多级机油。多级机油可以一年四季使用，黏温特性好，使用时间比较长。

3）冬季尽量使用黏度低的机油，夏季选用黏度稍高的机油。

4）根据发动机需要选择适用的机油。

5）应定期更换机油。新车磨合期一般 1 000 km 更换一次，磨合期过后 5 000~7 500 km（或 6 个月）更换一次。

（四）不同环境温度发动机机油选用范围

不同环境温度适应的发动机机油黏度级别如表 2-1 所示。不同环境温度对照标号如图 2-2 所示。

表 2-1　不同环境温度适应的发动机机油黏度级别

环境温度 /℃	黏度级别	环境温度 /℃	黏度级别	环境温度 /℃	黏度级别
−35~30	0W−30	−25~30	10W−30	−20~50	15W−50
−35~40	0W−40	−25~40	10W−40	−15~30	20W−30
−30~30	5W−30	−25~50	10W−50	−15~40	20W−40
−30~40	5W−40	−20~30	15W−30	−15~50	20W−50
−30~50	5W−50	−20~40	15W−40		

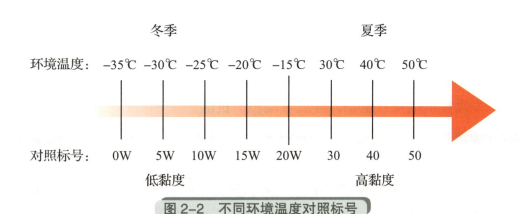

图 2-2　不同环境温度对照标号

任务实施

一、机油品质检查

（一）准备工作

准备不同黏度及等级的机油数瓶、行驶 8 万 ~10 万 km 的轿车一辆、玻璃一块。

（二）检查方法、步骤

1）抽出油尺。

2）滴一些机油在干净的玻璃上。

3）观察玻璃上机油的油色，或用手搓机油。

①油色清澈：表示机油污染很轻。多级机油加有添加剂会比较快变黑，这是正常现象。

②机油呈雾状：表示机油已被冷却液污染。

③机油呈灰白色：表示机油已被燃油污染。

④机油明显出现分层且上层油色变淡：表示添加剂失效。

⑤明显感觉有颗粒状东西搓手：表示机油中有较多的杂质。

新机油如图2-3所示。

图2-3 新机油

4）观察新旧机油的区别。

二、机油的选择与更换

（一）准备工作

准备不同黏度及等级的机油、行驶8万~10万km的轿车、废油回收桶、工具。

（二）操作步骤

1）预热发动机2~3 min后停机5~10 min。

2）拧下发动机机油排放螺塞，排放发动机旧机油。

3）拆卸旧机油滤清器，装上新机油滤清器，用专用扳手将新机油滤清器拧紧3/4圈即可。

4）我国北方冬季选择5W-30机油，夏季选择15W-30或15W-40机油；南方选择10W-30或15W-30机油。

5）装好机油排放螺塞，加注新机油，每注入2 L后应用机油尺测量油面高度。

6）起动发动机几分钟，熄火5 min左右再次用油尺检查机油油位，确定油量是否合适，不合适的继续添加至合适地位，再拧紧加油口盖，清理机油加注口油渍。

7）检查发动机是否有机油泄漏现象。

8）记录机油加注里程、时间。

任务二 齿轮油选用与更换

任务导入

一辆捷达轿车进4S店更换齿轮油,车主向技术人员咨询齿轮油使用知识。技术人员要解释清楚该问题,必须熟悉齿轮油功用、分类、油品鉴别等相关知识。

知识准备

一、齿轮油的作用

齿轮油用于手动变速器、主减速器和转向器中齿轮传动的润滑,以减少摩擦、降低磨损、冷却部件、缓和振动及冲击、防止锈蚀并清洗摩擦件。常用齿轮油如图2-4所示。

图2-4 常用齿轮油

二、齿轮油的分类

(一)国外手动变速器用齿轮油的分类

1)按美国工程师学会分类法,可将齿轮油分为季节用齿轮油和多级齿轮油。

①季节用齿轮油:有75W、80W、85W、90W、140、250等7个黏度等级。带"W"的为冬季用齿轮油,不带"W"的为夏季用齿轮油。

②多级齿轮油，如 80W-90、85W-90 等。

2）按美国石油学会标准及工作条件（齿轮面压力和油温高低）苛刻程度，可将齿轮油分为 GL-1、GL-2、GL-3、GL-4、GL-5、GL-6 等 6 个等级。

（二）国内手动变速器用齿轮油的分类

1）按黏度分类，有 70W、75W、80W、85W、90W、140、250 等几个黏度等级。

2）按使用性能分类，有 GL-3、GL-4、GL-5 等 3 个等级，如表 2-2 所示。

表 2-2 手动变速器用齿轮油的分类

我国手动变速器用齿轮油	API 分类号
普通车辆齿轮油	GL-3
中负荷车辆齿轮油	GL-4
重负荷车辆齿轮油	GL-5

（三）自动变速器油的分类

自动变速器油又称液力传动油，专门用于自动变速器和无级变速器。

1）按美国 PTF（Power Transmission Fluids，液力传动）分类法，可分为 PTF-1，PTF-2，PTF-3 几种。

2）国内分类，按 100 ℃ 运动黏度分为 6 号变速器油、8 号变速器油两种。

国外、国内自动变速器油对应关系：PTF-1 对应 8 号，PTF-2 对应 6 号（目前国内汽车的动力转向液大部分选用液力传动油）。

三、齿轮油的选用

（一）手动变速器用齿轮油的选用原则

1）按车辆使用说明书规定选用。

2）根据当地季节及气温条件选用。

75W 适用 -40 ℃ 地区；80W 适用 -30 ℃ 地区；85W 适用 -20 ℃ 地区；90 号适用 -10 ℃ 地区；140 号适用 10 ℃ 地区；250 号适用 20 ℃ 地区。

3）根据齿轮的类型及工况选用。

①工作条件缓和的螺旋锥形齿轮主减速器、变速器，用 GL-3 普通车辆齿轮油。

A. 对应黏度为 90 的，温度 -10 ℃ 以上地区全年可用。

B. 对应黏度为 80W-90 的，温度 -30 ℃ 以上地区全年可用。

C. 对应黏度为 85W-90 的，温度 -20 ℃以上地区全年可用。

②工作条件一般的准双曲面齿轮主减速器（如 EQ1090）或要求用 GL-4 的汽车，用 GL-4 中负荷车辆齿轮油（工作条件一般：指齿轮工作压力在 3 000 Mpa 以下）。

A. 对应黏度为 90 的，温度 -30 ℃以上地区全年可用。

B. 对应黏度为 85W-90 的，温度 -20 ℃以上地区全年可用。

③工作条件苛刻的准双曲面齿轮主减速器（进口轿车或进口汽车），用 GL-5 重负荷车辆齿轮油（工作条件苛刻：指齿轮工作压力在 3 000 Mpa 以上、工作温度高达 600 ℃）。

A. 对应黏度为 90 的，温度 -10 ℃以上地区全年可用。

B. 对应黏度为 85W-90 的，温度 -20 ℃以上地区全年可用。

（二）自动变速器油的选用原则

1）按车辆使用说明书的相关规定选用合适的品种，如表 2-3 所示。

表 2-3 自动变速器油的选用

国外分类	国内分类	适用车型
PTF-1	8#	轿车、轻型货车
PTF-2	6#	越野汽车、货车
PTF-3		农业、工程机械用车

进口汽车一般使用 GMA 型、A-A 型、DEXRON 型自动变速器油。例如，通用公司生产的 DEXRON、DEXRON I、DEXRON II，福特公司生产的 E、F 型自动变速器油。

☺ 提示：不同公司生产的自动变速器油不能混合使用，也不能错用，否则会出现不易换挡、换挡冲击或离合与变速器突然啮合等现象。

2）按黏度选用。

6 号液力传动油：重型货车、载货汽车的液力变矩器选用（含工程机械传动系统）。

8 号液力传动油：轿车、轻型客车的自动变速器选用。

四、齿轮油选用注意事项

1）要分清齿轮油的种类及使用级别。种类及使用级别不同，齿轮油的抗压性、黏度也不同。

①啮合齿轮挤压力大的重负荷汽车齿轮用普通齿轮油，会使润滑油膜受破坏而造成润滑不良，加速齿轮的磨损。

②啮合齿轮挤压力小的中、小负荷汽车齿轮用准双曲面重负荷齿轮油，会因为齿轮油中的防腐剂较多出现腐蚀性磨损而造成不必要的损失。

2）避免盲目使用黏度级别高的齿轮油。黏度级别越高并不是润滑性就越好，黏度级别高，油的流动性会下降，造成齿轮润滑不良，对高速车辆影响更大，因此应尽量选择多级齿轮油。

3）不能将机油与齿轮油互换使用，两者黏度级别、所加添加剂不同，若将机油注入齿轮箱，会造成齿轮润滑不良而加快磨损；若将齿轮油加入发动机，会发生黏缸、抱瓦等机械故障。

4）严禁用注入机油、汽油、柴油等方法对齿轮油进行稀释，以免破坏油质。

5）应定期检查、更换齿轮油：车辆每行驶 10 000 km 检查一次油位，不足的应及时添加；每行驶 30 000~45 000 km 换油一次。

任务实施

一、手动变速器齿轮油油品检查

（一）准备工作

1）准备不同黏度及等级的手动变速器齿轮油数瓶，如图 2-5 所示。
2）准备丰田卡罗拉轿车、五菱之光汽车各 1 辆，玻璃 1 块。

（二）检查方法、步骤

1）拉出油尺或用手指捻少许齿轮油。
2）滴数滴齿轮油在干净的玻璃上。
3）观察玻璃上齿轮油油色，或用手捻搓变速器油检查油中有无颗粒。

①呈褐色或黑色并有焦味：未定期换油导致油质变坏，应换油及滤清器。

②有银白色金属颗粒：齿轮严重磨损，应换油及齿轮。

③油尺粘有胶状物：油已氧化，应换油及滤清器。

④正常手动变速器齿轮油的油质：呈棕色，纯净，无气泡，无颗粒沉淀。

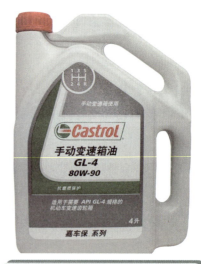

图 2-5 手动变速器齿轮油

二、自动变速器油油品检查

（一）准备工作

1）准备不同黏度及等级的自动变速器油数瓶，如图 2-6 所示。

2）准备行驶里程 12 万 km 左右的丰田卡罗拉轿车 1 辆，玻璃 1 块。

（二）检查方法、步骤

1）拉出油尺或用手指捻少许变速器油。

2）滴数滴变速器油在一张干净的玻璃上。

图 2-6　自动变速器油

3）观察玻璃上变速器油油色，或用手捻搓变速器油检查油中有无颗粒。

①呈褐色或黑色，有焦味：未定期换油导致油质变坏，应换齿轮油及滤清器。

②呈乳白色：变速器的冷却器密封不好使冷却液渗入变速器，应换齿轮油及滤清器。

③有银白色金属颗粒：齿轮严重磨损，应换齿轮油及齿轮。

④有气泡：高压油路漏气使空气渗入，应换齿轮油及检修。

⑤油尺粘有胶状物：油已氧化，应换齿轮油和滤清器。

⑥正常的自动变速器油油质：呈红色或粉红色，纯净，无气泡，无颗粒沉淀。

任务三　制动液的选用与更换

任务导入

一辆雪铁龙轿车进 4S 店进行二级保养，技术员检查后发现制动液浑浊，需要更换，车主从行李箱取出一瓶制动液要求使用该制动液。技术员发现车主提供的制动液已经开封过，就从制动液的功用、类型，制动液的选用及使用注意事项向车主进行说明，指出开封过的制动液不能使用。

知识准备

一、制动液的作用

制动液用于在制动系统中传递制动压力制止车轮转动。

二、制动液的种类

（一）国外制动液的种类

国外制动液分为DOT3，DOT4，DOT5几种。数字越大，制动液的级别就越高，如图2-7所示，DOT是美国交通部的英文缩写。

（二）国产制动液的种类

1）国产制动液根据回流平衡沸点不同分为JG0，JG1，JG2，JG3，JG4，JG5等6个等级。数字越大，沸点越高，高温抗气阻性越好，制动时安全性越高。

图2-7 国外制动液
（a）DOT3制动液；（b）DOT4制动液；（c）DOT5制动液

2）国产制动液根据原料不同分醇型，矿油型，合成型3个品种。

①醇型特点：抗阻性、流动性较差，已停止使用。

②矿油型特点：润滑性良好，无腐蚀性，对天然橡胶有膨胀作用。

③合成型特点：吸湿性强，用一段时间后会吸收较多水分。合成型有：4603、4603-1、4604几种。4603、4603-1用于货车制动系统；4604用于高级轿车及各类汽车制动系统。

> 提示：制动液中有水分会使沸点降低，容易沸腾产生气泡，降低制动效果，产生安全隐患。制动液应定期更换。

三、制动液的选用

（一）选用的重要性

制动液是制动系统传递制动力的介质，其品种、品质直接影响车辆的制动效果。制动液的选用是汽车维护的一项重要工作，关系到行车的安全性，必须做好这项工作。

（二）选用的原则

尽量选用沸点高、高温气阻性好的制动液。目前，比较常用的是DOT3、DOT4、

DOT5 几种制动液，数字越大沸点越高，制动液就越能耐高温。部分车型推荐用制动液型号及更换周期如表 2-4 所示。常用合成型制动液如图 2-8 所示。

表 2-4 部分车型推荐用制动液型号及更换周期

车型	更换周期	推荐型号
别克凯越	30 000 km 或 18 个月（先到为准）	DOT3
大众帕萨特	24 个月	DOT4
大众桑塔纳	50 000 km 或 24 个月	DOT4
丰田卡罗拉	40 000 km 或 24 个月	DOT5

图 2-8 常用合成型制动液

四、选用制动液要注意的事项

1）应保持制动液的清洁。在更换制动液时，应对制动液进行过滤，防止杂质进入制动系统。

2）已开封又长时间不用的制动液不能再使用。

3）制动液不能混合使用。存放时间不同、品质不同，混合使用会使制动液出现分层，影响制动效果，甚至失效。

4）制动液底部出现沉淀后，不应再使用。制动液有沉淀，说明制动液进入杂质或已变质。

5）制动液应密封存放，否则会吸入水分影响制动效果。

6）应定期更换制动液。应参照车辆使用说明书对制动液定期进行更换，并清洗制动系统。

7）使用矿油型制动液前，应把制动系统普通橡胶件换成耐油型橡胶件，防止制动液的膨胀作用损坏橡胶件，使系统密封不严吸入空气，影响制动效果。

任务实施

一、制动液品质检查

（一）准备工作

1）准备不同黏度及等级的制动液数瓶，吸管 1 支，白色碟子 1 个。

2）丰田卡罗拉轿车、五菱之光汽车各 1 辆。

（二）操作步骤

1）用吸管吸少许制动液。

2）把制动液放在一个干净的白色碟子内。

3）观察制动液油色，或用手捻搓制动液，检查油中有无颗粒，如图 2-9 所示。制动液呈淡黄色或无色，纯净，无颗粒沉淀，表示制动液正常。若制动液已变色或有杂质、有沉淀物，说明制动液品质变差，应更换。

图 2-9 　检查制动液品质

二、制动液的更换

（一）准备工作

1）准备内径 6 mm、长度约 50 mm 的透明塑料软管和有容量标记的透明塑料瓶，取下制动分泵排油口的防尘帽，将软管一端插入准备排油的制动分泵排气螺塞，另一端插入透明塑料瓶。

2）8~10 mm 的梅花扳手。

3）制动液 1~2 瓶，注射器 1 支。

4）三人小组。

（二）操作步骤

1）将车辆处于熄火的状态，打开制动液储液罐的端盖，用注射器把储液罐的制动液全部吸出。

2）将新的制动液加入储液罐（1~2 L）至标准液面最高位置。

3）用举升机将汽车升起。

4）使用扳手拧松放油螺丝，把橡胶管套在上面，另外一头连接到放油瓶内。

5）一人在车上踩制动踏板，另一人用扳手松开分泵排油螺塞再拧紧，反复多次踩踏板→放松螺塞→拧紧螺塞，直到排气螺塞没有空气排出。第三人观察储液罐液面，制动液不足及时添加。

6）拧紧排气螺塞，取下塑料软管，清理油渍。

任务四　冷却液的选用与更换

任务导入

一辆挂广州车牌的别克轿车用拖车拖进太原市一家4S店进行检修，车辆故障是水箱、水管破裂，车主询问技术员，水箱破裂的原因。技术员向车主咨询了解到，该车一直在广州使用，最近两天才自驾到太原，由于当时是冬天，前一天晚上太原的气温在-15℃左右，车主到太原后没有及时更换冷却液，才出现该故障。技术员就从冷却液的类型、功用，冷却液的选择等对车主进行了解释。

知识准备

一、冷却液的作用

在发动机冷却系统中，冷却液用于吸收汽缸及燃烧室周围的热量，使发动机工作温度保持在恒定范围。

二、冷却液的种类

冷却液分长效防冻冷却液和全效防冻液，分别如图2-10和图2-11所示。

图2-10　长效防冻冷却液

图2-11　全效防冻液

（一）乙二醇－水型冷却液

乙二醇无色、微带黏性，沸点是 197.4 ℃，冰点是 -11.5 ℃，与水混合后冰点明显下降。乙二醇含量为 68% 时，冰点降到 -68 ℃，超过该限量，冰点开始上升。乙二醇吸水性强，应密封储存，以防冷却液液位上升溢出。乙二醇沸点比水高，冷却液在使用过程中蒸发的是水，因此，平时液面下降后，加入纯净水即可。乙二醇－水型冷却液使用年限一般为 3~5 年。

（二）酒精－水型冷却液

酒精的沸点是 78.3 ℃，冰点是 -14 ℃，与不同比例的水混合可以得到不同冰点的冷却液。酒精含量高，冷却液冰点就低，反之，冰点就高。

☺ 提示：冷却液中的酒精含量不能超过 40%，否则容易产生酒精蒸汽着火。酒精－水型冷却液冰点低，极限为 -30 ℃，不宜在高寒地区使用。

（三）甘油－水型冷却液

甘油－水型冷却液降低冰点的效率低，已很少使用。

三、冷却液的选用

1）根据环境温度选择冷却液。冷却液冰点是冷却液重要的指标，选用时，冷却液的冰点一般要比当地冬季最低气温低 10~15 ℃。

2）根据车型选择冷却液。一般情况下，中、高档车选用长效冷却液（2~3 年），普通车冬季使用防冻液，夏季直接使用纯净软水即可。

☺ 提示：现代车用冷却液是指在防冻液基础上添加防锈剂、防垢剂、防沸剂合成的具有防结冰、防沸腾、防锈蚀与水垢的冷却介质，并非单纯的防结冰防冻液。过去使用的水冷却液容易使水箱形成水垢，产生锈蚀，已被现代车用冷却液取代。

3）选用无溶胀和腐蚀冷却系橡胶管、橡胶垫的冷却液。

4）冷却液的更换周期一般为 40 000 km 或两年。

四、冷却液选用应注意的事项

1）冷却液和添加剂是有毒物质，应放置于小孩无法接触的场所。

2）更换水箱、缸盖、缸垫时，应更换冷却液。

3）发动机温度很高时，不能打开水箱盖，否则水箱内的高温冷却液会喷出伤人。

4）添加冷却液时，发动机应处于冷态，避免由于高温缸体突然遇冷而破裂。

5）在气温较低的冬季，若遇到紧急情况加入全部纯净水，应尽快添加水箱补充液，以防结冰。

6）冷却液的浓度应低于60%。

任务实施

一、选用适用的冷却液

（一）准备工作

1）不同品牌的冷却液、防冻液数瓶。

2）丰田卡罗拉轿车、五菱之光汽车各1辆。

（二）操作方法与步骤

1）阅读冷却液使用说明，检查待选用的冷却液是否添加有防腐、防锈、防冻剂。

2）了解、确认近年当地最低气温，选择比当地最低气温低10~15 ℃的冷却液。

3）五菱之光汽车夏季可直接添加纯净软水，冬季可添加合格的防冻液。

4）丰田轿车可添加免稀释的全效丰田车专用防冻冷却液。

二、冷却液的更换

（一）准备工作

1）汽车专用冷却液。

2）常用工具。

（二）操作步骤

1. 排空冷却系统的冷却液

打开冷却液储液罐水箱盖，用合适的工具拧松水箱下端的排液螺塞。

2. 加注冷却液

（1）在发动机冷却后，拧下水箱盖。

（2）加入冷却液，使液面达到储液罐FULL—LOW刻度线中间偏上位置。

（3）拧紧水箱盖，起动发动机，急速运转3~5 min后，再打开水箱盖，排放系统内的空气,观察液面高度,若下降则继续添加至合适位置。雪佛兰轿车冷却液储液罐如图2-12所示。

图2-12 雪佛兰轿车冷却液储液罐

项目小结

发动机机油有润滑、清洁、冷却、防锈、密封作用。参照美国汽车工程师学会机油牌号的分类标准,我国把机油分为低温用油、高温用油、多级机油等3类。

汽油机机油有SA、SB、SC、SD、SE、SF、SG、SH、SL等几个级,越往后等级越高,品质越好。

柴油机机油有CC、CD、CD-Ⅱ、CE、CF-4等几个级,越往后等级越高,油品品质越好。

齿轮油用于手动变速器、主减速器和转向器中齿轮传动的润滑,减少摩擦、降低磨损、冷却部件、缓和振动及冲击、防止锈蚀并清洗摩擦件。

按美国石油学会标准,手动变速器齿轮油分GL-1、GL-2、GL-3、GL-4、GL-5、GL-6等6个等级。普通汽车手动变速器选用GL-3型齿轮油。

按美国PTF分类法,自动变速器油分为PTF-1,PTF-2,PTF-3几种。轿车自动变速器选用PTF-1型变速器油。

制动液在制动系统中用来传递制动压力制止车轮转动。制动液有DOT3、DOT4、DOT5几种,数字越大制动液的级别就越高,就越能耐高温。

开封且存放时间较长的制动液容易吸入水分不宜再使用,否则影响制动效果。

冷却液在发动机冷却系统中,吸收汽缸及燃烧室周围的热量,使发动机工作温度保持在恒定范围。

冷却液冰点是冷却液重要的指标,选用时,冷却液的冰点一般要比当地冬季最低气温低10~15℃。中、高档车选用长效冷却液(2~3年),普通车冬季使用防冻液,夏季直接使用纯净软水即可。

项目三
汽车日常维护及磨合期维护

车辆的日常维护主要包括清洁、补给、安全检视，是其他维护作业的基础。

新车出厂或大修后，初级使用阶段称为磨合期，在这段时间对车辆进行的维护作业，称为磨合期维护。新车磨合期一般为 1 000~3 000 km。新车的正确磨合，与延长车辆的使用寿命及提高车辆工作可靠性、经济性，降低排放污染有极大的关系。磨合期的维护一般分为磨合前期、磨合中期、磨合后期 3 个阶段。

学习目标

知识目标：
1）掌握汽车日常维护及磨合期维护的内容。
2）熟悉汽车日常维护及磨合期维护的操作方法、步骤。

能力目标：
1）能描述汽车日常维护及磨合期维护的内容。
2）能描述汽车日常维护及磨合期维护的操作方法、步骤。
3）能正确地对汽车进行日常维护及磨合期维护。

素质目标：
1）具有良好的行为习惯。
2）具有良好的沟通能力。
3）具有宽容与包容的思想。

任务一　汽车日常维护

任务导入

一位车主开一辆新雪铁龙爱丽舍轿车进4S店咨询日常维护知识，并要求技术员做一下操作演示。如果你是技术员，你将如何对车主进行解说和演示呢？

知识准备

一、日常维护的目的

日常维护的目的是使汽车保持正常的技术状况。

二、作业内容

（一）出车前的维护

1）清洗车辆。

2）检查发动机舱五液（机油、制动液、冷却液、喷洗液、电解液）液位。

3）检查车窗玻璃升降器、后视镜调节装置。

4）检查车灯、喇叭、方向盘、座椅及安全带。

5）检查制动器、离合器踏板行程和工作状况。

6）检查仪表显示状况。

7）检查车辆"三漏（漏油、漏水、漏电）"情况。

8）检查车轮技术状况。

（二）行车中的检查

1）仪表显示状况。

2）底盘部件紧固情况。

3）停车检查全车有无"三漏"现象。

（三）收车后的维护

1）清洁车辆内部。

2）检查、紧固螺栓、螺母。

3）检查、补充发动机舱油、液。

4）检查全车有无"三漏"现象。

5）检查轮胎技术状况。

任务实施

一、准备工作

1）雪铁龙轿车一辆。

2）组合工具、扭矩扳手、抹布、直尺。

3）安放方向盘套、换挡杆套、座椅套、地板垫、翼子板布、前格栅布、车轮挡块。

4）拉满驻车制动杆行程。

5）换挡杆手柄置于 P 位置。

二、操作步骤

（一）出车前的检查

1）清洁车辆。要求车容整洁，发动机及车身电路无冲洗弄湿现象。

2）检查车轮。

①检查轮胎气压。要求胎压符合标准值（标准参数标注于轮胎侧面）。

②检查、紧固车轮螺母、螺栓。要求螺母、螺栓紧固正常，扭矩符合《维修手册》规定。

③检查轮胎沟槽有无嵌入物、裂纹、鼓泡及异常磨损。要求无嵌入物、裂纹、鼓泡及异常磨损。

3）检查车门螺母、螺栓、铰链。要求开、闭车门无阻滞、无异响，螺栓、螺母紧固正常。

4）检查发动机舱油液液位。

①检查机油液位。要求油位在油尺 L—F 刻度线之间，最好在刻度线中间偏上位置。

②检查冷却液液位。要求液位在储液罐 MAX—MIN 刻度线之间，最好在中间偏上位置。

③检查喷洗液液位。要求液位在储液罐 MAX—MIN 刻度线之间，可以加满储液罐。

④检查制动液液位。要求液位在储液罐 MAX—MIN 刻度线之间，最好在中间偏上位置。

⑤检查电解液液位。要求液位在单格 MAX—MIN 刻度线之间，最好在中间偏上位置。

5）检查车窗玻璃升降器、后视镜调节装置。要求各装置齐全有效。

6）检查车灯、喇叭、方向盘、座椅及安全带。

①检查前部车灯、后部车灯、车内灯。要求打开车灯开关后，各种车灯正常有效；打开点火开关，仪表警告灯正常点亮，起动发动机，仪表警告灯熄灭。

②检查喇叭、方向盘。要求喇叭声音响亮、连续；方向盘无异常松动、摇摆，自由行程符合规定值。

7）检查座椅。要求座椅螺栓、螺母紧固正常。

8）检查安全带。要求安全带无裂纹，肩带导向装置工作正常，跨带带扣、扣环锁定牢固，收缩器锁止功能正常。

9）检查制动器、离合器踏板。检查驻车制动杆行程；制动踏板、离合踏板自由行程。要求驻车制动杆及制动踏板、离合踏板自由行程符合《维修手册》规定。

10）检查车辆燃油油量，油表指针应指在红色警戒线以外。

11）检查车辆是否有漏油、漏水、漏电情况。

①起动发动机，检查发动机舱是否有机油、冷却液、制动液等油液泄漏，电路是否漏电。

②检查车辆底部是否有制动液、燃油、变速器油等油液泄漏。

③要求发动机舱及底盘无三漏现象。

（二）行车中的检查

1）检查仪表各种警告灯、指示灯是否正常点亮，燃油表、水温表、车速表等是否正常工作。要求警告灯、指示灯、燃油表、水温表、车速表正常有效。

2）仔细倾听发动机及车辆各运动件、紧固件是否有异响。要求运动件、紧固件无异响。

3）停车检查车轮紧固螺栓、螺母，各种外露螺栓、螺母是否有松动。要求紧固件、外露螺栓、螺母紧固正常。

4）停车检查。检查发动机舱机油、冷却液、制动液等是否泄漏，电路是否漏电；车辆底部是否有制动液、燃油、变速器油等油液泄漏。要求发动机舱及底盘无油液泄漏，电路无漏电现象。

（三）收车后的检查

1）清洁车辆内部。用软布蘸少许中性洗洁剂，清洁仪表台、座椅、方向盘等部位后再用干软布擦净。要求车厢内部车容整洁。

2）检查紧固螺栓、螺母。检查车轮、发动机等部件各种外露螺栓、螺母是否松动。要求各种外露螺栓、螺母紧固正常。

3）检查、补充发动机油、液。检查发动机舱各油液液位、燃油油量，不足的应及时添加，北方冬季未加防冻液的车辆应及时放掉冷却系的冷却液，以防冻结。要求发动机舱油液液位在油尺或储液罐规定液位线之间；燃油油表指针指示在警示线以外。

4）检查全车有无"三漏"。检查发动机舱、汽车底部油液有无渗漏，电路有无漏电现象。要求发动机舱、汽车底部油液无渗漏，电路无漏电现象。

5）检查轮胎技术状况，如图3-1所示。检查轮胎气压是否充足，轮胎胎槽有无玻璃、石子等嵌入物。要求轮胎气压符合标准，胎槽无嵌入物。

图3-1 检查轮胎技术状况

任务二 汽车磨合期维护

任务导入

一位车主开着刚买3个月的比亚迪轿车进4S店，向技术员咨询新车磨合期维护知识和操作方法，如果你是4S店技术员，应如何解说和操作呢？

知识准备

一、磨合期维护的目的

磨合期维护的目的是防止汽车出现过早损伤或机械事故，保证车辆顺利完成磨合，从而达到良好的运行速度，投入正常运行。

二、作业内容

1）检查全车油液液位及油液是否渗漏，并视情更换。

2）清洁车身及机油滤清器、燃油滤清器、空气滤清器、蓄电池，并视情更换。

3）检查、调整车身电器、制动器及离合器踏板行程。

4）检查、润滑全车润滑点。

5）检查、紧固全车主要安全部件外露螺母、螺栓。

任务实施

一、准备工作

1）拉满驻车制动杆行程。

2）换挡手柄置于P位置。

3）放置车轮挡块。

4）安放方向盘套、换挡杆套、座椅套、地板垫、翼子板布、前格栅布。

二、操作过程

（一）磨合前期的维护作业

1）清洗全车。

2）检查发动机运转情况，若有异响，检查原因并加以排除。

3）检查机油、制动液、冷却液、喷洗液、电解液、转向助力液、齿轮油的液位和品质，视情进行添加或更换。

4）检查各部位油液有无渗漏现象。

5）检查各部件的连接及紧固情况。

6）检查变速器各挡是否正确结合。

7）检查制动器制动效果是否良好。若不好，应查明原因并加以排除。

8）检查车辆内、外车灯及其他信号装置是否齐全有效。若无效，应查明原因并加以排除。

9）检查转向机构各部件有无异常松动、卡滞现象。

（二）磨合中期的维护作业（行驶 500 km 左右时进行）

1）更换机油及机油滤清器，清洗发动机润滑系统及油底壳。
2）检查各部位油液，有渗漏的查明原因并加以排除。
3）按规定扭矩检查缸盖、排气管、车轮螺栓、螺母情况，异常松动的加以紧固。
4）检查、调整离合器踏板自由行程。
5）检查制动器制动效果是否良好、系统油液是否渗漏，必要的进行调整紧固。

（三）磨合后期的维护作业

1）检测汽缸压力，清除燃烧室积炭。
2）更换机油及机油滤清器。
3）清洗变速器、驱动桥、转向器及更换润滑油。
4）检查、调整制动器、离合器踏板自由行程。
5）按规定扭矩检查缸盖、排气管、车轮螺栓、螺母情况，异常松动的加以紧固。
6）按规定扭矩检查、紧固底盘各连接部件螺栓、螺母。

项目小结

汽车日常维护包括出车前的维护、行车中的维护、收车后的维护，主要检查五液液位、油液有无渗漏、安全部件工作情况。

汽车磨合期维护包括磨合前期、磨合中期、磨合后期的维护，以检查五液液位、五液品质、油液有无渗漏、安全部件是否工作良好为重点。

车辆日常维护和磨合期维护任务由驾驶员负责完成，车辆使用者应了解维护内容，熟悉操作方法。

项目四 汽车一级维护作业

一级维护作业是指除日常维护作业以外，以清洁、润滑、紧固为中心，并检查有关制动、操纵等安全部件，由维修企业负责执行的车辆维护作业。一级维护作业内容及技术要求如表4-1所示。

表4-1 一级维护作业内容及技术要求

序号	作业内容	技术要求
1	检查、调整点火系	正常工作
2	清洁空气滤清器 清洁空压机空气滤清器 清洁机油滤清器 清洁燃油滤清器	滤芯应清洁无破损，上、下衬垫无残缺，密封良好 滤清器应安装牢固
3	检查发动机舱油液液面	符合规定
4	检查曲轴箱通风装置、三效催化转化装置	齐全、无损坏
5	检查校紧散热器、油底壳 检查校紧发动机前后支垫、水泵 检查校紧空压机、进排气歧管 检查校紧输油泵、喷油泵连接螺栓	各连接部位螺栓、螺母应紧固，锁销、垫圈及胶垫应完好有效
6	检查、调整发动机、空调机皮带	符合规定
7	检查转向器液面及密封状况 润滑万向节十字轴、横直拉杆、球头销、转向节等	符合规定
8	检查、调整离合器	操纵机构应灵敏可靠，踏板自由行程应符合规定

续表

序号	作业内容	技术要求
9	检查变速器、差速器液面及密封状况 润滑传动轴万向节十字轴、中间承 校紧各部连接螺栓，清洁各通气塞	符合规定
10	检查紧固制动系各制动管路 检查调整制动踏板自由行程	管路接头应不漏气 支架螺栓紧固可靠 制动联动机构灵敏可靠 储气筒无积水 踏板自由行程符合规定
11	检查、紧固车架、车身及各附件	各部螺栓及拖钩、挂钩应紧固可靠，无裂损，无窜动，齐全有效
12	检查轮胎轮辋及压条挡圈 检查轮胎气压（含备胎）、轮毂轴承间隙	轮辋及压条挡圈应无裂损、变形 轮胎气压应符合规定，气门嘴帽齐全 轮轴承间隙无明显松旷
13	检查悬架机构	无损坏、连接可靠
14	检查蓄电池	电解液液面高度应符合规定，通气孔畅通，电桩夹头清洁、牢固
15	检查灯光、仪表、信号装置	齐全有效，安装牢固
16	润滑全车润滑点	各润滑嘴安装正确，齐全有效
17	检查全车	不漏油、不漏气、不漏电，各种防尘罩齐全有效

注：技术要求栏中的"符合规定"指符合《维修手册》的有关规定。

一级维护作业流程如图 4-1 所示。

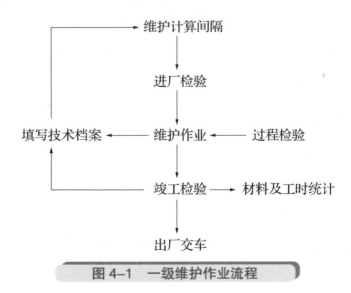

图 4-1　一级维护作业流程

汽车维护

学习目标

知识目标：

1）熟悉汽车一级维护作业的内容及技术要求。

2）熟悉汽车一级维护作业的流程。

2）熟悉汽车一级维护的操作方法、步骤。

能力目标：

1）能描述汽车一级维护的内容。

2）能描述汽车一级维护的操作方法、步骤。

3）能正确地对汽车进行一级维护。

素质目标：

1）养成讲究卫生的行为习惯。

2）培养自我学习、自我提升的意识。

3）具有自我管理、自我约束能力。

任务一　车辆的清洁

任务导入

一辆五菱微型客车进4S店进行一级维护，如果你是4S店的技术员，请制定维护计划，并按计划对车辆进行清洁。

知识准备

一、清洁的目的

清洁的目的是保持车容整洁、车况良好，避免损伤，保证汽车顺利工作，提高汽车工作性能。

二、清洁内容

1）发动机舱的清洁。
2）空气滤清器的清洁。
3）空调滤清器的清洁。
4）机油滤清器的清洁。
5）燃油滤清器的清洁。
6）蓄电池的清洁。
7）车身内、外清洁。

任务实施

一、准备工作

1）将汽车停放于平坦场地上，在前、后车轮外垫上车轮挡块。
2）拉起发动机盖释放杆，换挡杆置于 P 位置。
3）打开发动机机舱盖。
4）安装车内三件套、地板垫，安放翼子板布、前格栅布。

二、操作过程

（一）发动机舱的清洁

用高压气对发动机舱内的灰尘进行吹洗清洁，保证机舱的清洁。

（二）空气滤清器的清洁

1）打开空气滤清器外壳，取出滤清器滤芯，如图 4-2 所示。使用吹尘枪从滤芯的内侧向外侧吹入压缩空气，清除滤芯的灰尘，并用抹布清洁滤清器罩，如图 4-3 所示。

图 4-2　取出空气滤清器滤芯

图 4-3　清洗滤芯

2）检查空气滤清器滤芯上的橡胶密封层，确保其没有裂纹或者其他损坏后，装上滤清器罩并锁上锁止夹。

（三）空调滤清器的清洁

打开空调滤清器外壳，取出滤清器滤芯，用压缩空气把滤芯表面的灰尘吹干净即可。

（四）机油滤清器的清洁

1. 操作步骤

1）用机油滤清器专用扳手拧松并卸下机油滤清器，倒出机油滤清器内的机油。

2）用柴油对机油滤清器内部进行重复、多次清洗。

3）用压缩空气将机油滤清器吹干净，并在滤清器密封圈均匀涂上干净新机油后，用手把滤清器装入安装座，待密封圈刚好贴合安装座后，用专用工具将其拧紧3/4圈即可，如图4-4所示。

图4-4 装机油滤清器

2. 技术要求

滤清器应保持干净无渗漏。

（五）燃油滤清器的清洁

1. 操作步骤

1）选择合适工具，拆下燃油滤清器，如图4-5所示。将燃油滤清器的进出油口用手堵住，摇动燃油滤清器，倒出内部燃油，如此操作2~3次即可。

2）用压缩空气将燃油滤清器吹洗干净后装好。

2. 技术要求

拆卸燃油滤清器时，应先起动发动机，再拔下油泵保险，让发动机自行熄火，释放系统压力，以免燃油喷出伤人。

（六）蓄电池的清洁

1. 操作步骤

1）用抹布对蓄电池表面进行清洁。

2）用细砂纸对蓄电池的极柱进行清洁。

2. 技术要求

蓄电池表面应整洁干净,如图4-6所示。

图4-5 拆燃油滤清器

图4-6 蓄电池

(七)车身内、外部的清洁(应在发动机处于熄火状态下进行)

1. 操作步骤

(1)车身外部清洁

1)将高压水枪调至较低压力状态,对车身进行冲洗。

2)把高压水枪调至高压状态,由上至下,由前至后对车身进行冲洗。

3)喷洒洗车液,用湿海绵对车身均匀地进行涂抹。

4)用干净的软布由前至后把车身擦拭干净。清洁车身的流程如图4-7所示。

图4-7 清洁车身的流程

(2)车身内部清洁

1)用软布蘸少许中性洗洁剂后,对车内的仪表、仪表台、烟灰缸等部位进行擦拭。

2)用半干湿的软布把清洁过的部位擦拭干净。

2. 技术要求

应保持汽车车内、车外车容整洁。

任务二 润滑和补给作业

任务导入

一辆五菱微型客车进4S店进行一级维护,如果你是4S店的技术员,请制定维护计划,并按计划进行润滑与补给作业。

知识准备

一、润滑与补给的目的

汽车的工作环境非常恶劣,长期在此环境下工作致使汽车性能下降甚至损坏。为了使汽车工作稳定,并保证其工作的可靠,应每隔一定行驶里程或时间对汽车进行润滑、检查及补给作业,以减少机件磨损,提高行车的安全性。

二、作业内容

1)检查、补充发动机润滑油。
2)检查、补充冷却液。
3)检查、补充制动液。
4)检查、补充玻璃清洗液。
5)检查、补充转向助力液。
6)检查变速器油。
7)检查驱动桥油。

任务实施

一、准备工作

1）拉起驻车制动器。

2）换挡杆拨至 N 或 P 挡。

3）打开发动机舱盖。

4）安放车内三件套、地板垫，安放翼子板布、前格栅布、车轮挡块。

二、操作过程

（一）检查、补充发动机机油

1）拉出机油油尺，用干净抹布把油尺擦干净，如图 4-8、图 4-9 所示。

图 4-8 拉出机油油尺

图 4-9 擦拭机油尺

2）把油尺插入发动机油尺导轨（注意要把油尺插到底）。

3）再次拉出油尺，并使油尺与地面成大约 45° 角，观察油位是否在规定刻线 F—L 范围，如图 4-10、图 4-11 所示。

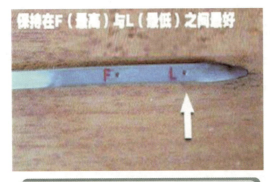

图 4-10 检查机油油位

图 4-11 机油标准油位

（二）检查、补充冷却液

1）检查冷却液液位，如图4-12所示。观察储液罐液位线，冷却液液面应在MAX和MIN之间。若低于MIN线，则应补充冷却液。如果冷却液变得污浊或充满水垢，应进行更换。

2）补充冷却液。待发动机冷却后，将水箱盖打开，添加冷却液至规定位置。

图4-12 检查冷却液液位

（三）检查、补充制动液

用手轻轻拍动制动液储液罐，观察制动液液位是否在MAX—MIN刻度线之间，如图4-13所示。不足应及时添加制动液。

（四）检查、补充玻璃喷洗液

打开玻璃清洗液储液罐盖子，拉出检测尺检查或观看液面，如图4-14所示。不足应及时添加喷洗液。

图4-13 检查制动液液位

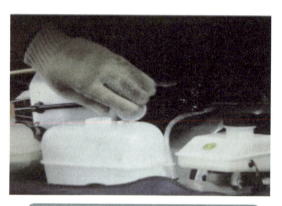

图4-14 检查玻璃喷洗液液位

（五）检查、补充转向助力液

1. 操作步骤

1）拧开转向助力液罐盖子，拉出油尺检查液位是否在上下限刻度线中间位置，偏低则添加至标准位置。

2）观察转向助力油管，检查油管接口是否有渗漏现象。

2. 技术要求

液位符合标准，管路无渗漏现象。

（六）检查变速器油

1. 操作步骤

1）拧下油位检查孔螺塞，检查油位是否达到规定位置，如图 4-15 所示。油位应不低于孔边 15 mm（伸入，一节手指，手指应碰到油面）。

2）观察变速器壳接合部、排放螺塞接合面，检查有无油液渗漏现象。

2. 技术要求

油位符合标准，变速器壳接合部、排放螺塞接合面无渗漏现象。

（七）检查驱动桥油

1. 操作步骤

拧下油位检查孔螺塞，检查油位是否离检查孔边 5~15 mm（伸入一节手指，手指应碰到油面；若油量不足，应补充齿轮油到规定位置），如图 4-16 所示。

2. 技术要求

油位符合标准，变速器壳接合部、排放螺塞接合面无渗漏现象。

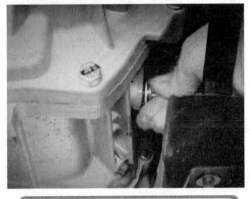

图 4-15 检查变速器油

图 4-16 检查驱动桥油

（八）检查轮胎气压

使用气压表测量轮胎气压，气压应符合标准值，如图 4-17 所示。

（九）车门润滑

1. 操作方法

打开车辆各车门，清洁车门铰链并在车门铰链上涂上润滑油（脂），如图 4-18 所示。

2. 技术要求

涂润滑油不宜过多，在涂润滑油后开、关车门多次使润滑油均匀分布。

图4-17 检查轮胎气压

图4-18 润滑车门铰链

任务三 检查、调整、紧固作业

任务导入

一辆卡罗拉轿车进4S店进行一级维护，如果你是4S店的技术员，请制定维护计划，并按计划进行检查、调整、紧固作业。

知识准备

一、检查目的

汽车行驶一定里程后，汽车各总成及零部件会松动、磨损，技术状况变差。通过检查，可了解汽车安全部件的工作状况，发现和消除故障隐患，确保行车安全性。

二、作业内容

1）检查车灯。

2）检查玻璃喷洗器和刮水器。

3）检查喇叭、方向盘。

4）检查驻车制动器和行车制动器。

5）检查车身内、外部件。

6）检查汽车底部油液泄漏情况及螺母、螺栓紧固情况。

7）检查发动机舱各部件。

8）恢复清洁。

任务实施

一、准备工作

1）拉起驻车制动器。并将换挡杆拨至 N 或 P 挡。

2）安装车内三件套、地板垫和车外翼子板布、前格栅布。

二、操作过程

（一）检查车灯

车辆前部车灯和后部车灯分别如图 4-19 和图 4-20 所示。

图 4-19 车辆前部车灯

图 4-20 车辆后部车灯

1. 操作步骤

（1）检查车辆前部车灯

检查示宽灯、雾灯（检查雾灯前要先打开示宽灯）、远光灯、远光指示灯、近光灯、转向灯、危险警告灯是否点亮。

（2）检查车辆后部车灯

检查示宽灯、牌照灯、转向灯、危险警告灯、制动灯、倒车灯是否点亮（检查转向灯时，方向盘往相反方向转动，以检查转向灯开关的自动回位功能是否正常）。

2. 技术要求

各照明灯、信号灯、指示灯、警告灯、危险警告灯、牌照灯、示宽灯应正常有效。

（二）检查玻璃喷洗器和刮水器

1. 操作步骤

（1）喷洗器检查

往后上方轻轻拉动喷洗开关，检查喷水压力、喷射位置是否正常。

（2）雨刮器的检查

将雨刮器开关往上拨，检查各挡功能、刮拭效果、复位功能是否正常。

2. 技术要求

喷洗器、雨刮器工作应正常有效。玻璃喷洗器和刮水器开关如图 4-21 所示。

图 4-21 喷洗器和刮水器开关

（三）检查喇叭、方向盘

1. 操作步骤

1）在方向盘转动一周的同时，按压喇叭按钮，检查喇叭音量、音调是否正常稳定，如图4-22所示。

2）上下、左右晃动方向盘，试转方向盘，如图4-23所示。

图4-22 检查喇叭音量、音调

图4-23 检查方向盘

2. 技术要求

喇叭音量、音调应正常有效。方向盘无异常松动、摆动。

（四）驻车制动器和行车制动器的检查

1. 操作步骤

1）检查驻车制动器的指示灯。

2）拉起驻车制动杆，检查制动杆行程，如图4-24所示。

3）踩下制动器踏板，检查是否异常松动、是否有异响、能否完全踩下，如图4-25所示。

4）测量制动器踏板自由行程。

2. 技术要求

制动杆和踏板行程符合《维修手册》规定，无异响和异常松动。

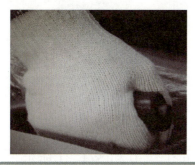

图4-24 检查驻车制动器

图4-25 检查行车制动踏板

（五）车身内外部件的检查

1. 检查方法

（1）检查座椅

前后推动座椅，检查座椅螺栓紧固情况，如图 4-26 所示。

（2）检查安全带

观察肩带、跨带是否划伤、损坏，带扣、扣环和导向装置锁止功能是否正常（前后安全带检查方法相同），如图 4-27 所示。

（3）检查车门

上下推拉车门，检查铰链的固定状况（四门相同），如图 4-28 所示。

（4）检查行李箱盖

摇晃行李箱盖连接杆，检查螺栓、螺母紧固情况，如图 4-29 所示。

图 4-26　检查座椅

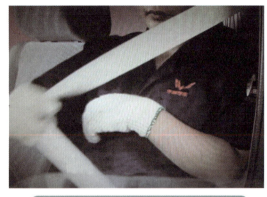

图 4-27　检查安全带

图 4-28　检查车门

图 4-29　检查行李箱盖

（5）检查发动机舱盖

摇晃机舱盖连接杆，检查螺栓、螺母紧固情况，如图 4-30 和图 4-31 所示。

图 4-30 检查机舱盖 1

图 4-31 检查机舱盖 2

2. 技术要求

座椅、车门紧固正常，安全带无划伤损坏、锁止装置正常有效。行李箱盖、发动机舱盖螺栓、螺母紧固正常。

（六）汽车底部油液泄漏情况的检查

1. 操作方法

目视车辆底部发动机机油、变速器油、转向助力液、制动液、减振油、燃油是否泄漏，如图 4-32 和图 4-33 所示。

图 4-32 汽车底部泄漏检查 1

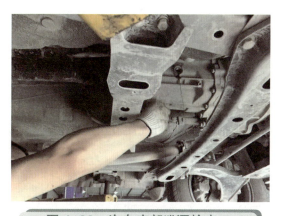

图 4-33 汽车底部泄漏检查 2

2. 技术要求

汽车底部无油液泄漏现象。

（七）汽车底部螺母、螺栓紧固情况的检查

1. 检查方法

用扭矩扳手或梅花扳手、开口扳手检查悬架、横梁、下臂、转向连接机构、驱动轴、车身、排气管、制动器、附件支架等外露螺母、螺栓，如图 4-34~图 4-36 所示。

图 4-34　减震器、制动卡钳螺栓　　图 4-35　下臂螺栓　　图 4-36　横梁螺栓

2. 技术要求

汽车底部螺栓、螺母紧固正常，扭矩符合《维修手册》规定。

（八）发动机舱螺栓螺母的检查

1. 检查方法

用合适的扳手检查前减震上支撑紧固螺栓、螺母，发动机连接螺栓、螺母是否松动。

2. 技术要求

紧固螺栓、螺母扭矩应符合《维修手册》规定。

（九）检查车轮紧固螺母

1. 检查方法

用扭矩扳手按锁紧方向检查车轮螺母的扭矩，将4个轮胎螺母紧到规定扭矩，如图4-37所示。

图 4-37　检查车轮螺母

2. 技术要求

扭矩符合《维修手册》规定。

（十）恢复清洁

1. 操作步骤

1）拆卸车外翼子板布，前格栅布。

2）清洁车身外部和车身内部。

3）拆卸车内三件套、地板垫。

2. 技术要求

不能损坏护套护垫。

项目小结

汽车一级维护是除日常维护作业外，以清洁、润滑、紧固为作业中心内容，并检查有关制度、操纵等安全部件，由修配厂负责执行的车辆维护作业。

汽车一级维护的维护周期以汽车行驶里程为基本依据。一级维护行驶里程依据车辆使用说明书的有关规定，同时依据汽车使用条件的不同，由省交通厅行政主管部门的相关规定确定。

一级维护包括清洁作业，润滑、补给作业，检查、调整、紧固作业。清洁作业是指清洁发动机舱，清洁空气滤清器、空调滤清器、机油滤清器、燃油滤清器，清洁蓄电池，清洁车身内、外。润滑、补给作业是指检查、补充发动机油液，检查、补充变速器油液，检查、补充转向助力液和驱动桥油。检查、调整、紧固作业中，检查是指检查车身电器工作情况，检查方向盘，检查油、水、电是否渗漏，检查制动器拉杆和踏板行程，检查车身部件紧固情况；调整是指对安全部件不良参数进行调整；加固是指对安全部件进行检查紧固。

项目五 汽车二级维护作业

汽车二级维护作业包括基本作业和附加作业，进行基本作业前首先要进行检测。

汽车进厂后，根据汽车技术档案的记录资料（包括车辆运行记录、维修记录、检测记录、总成修理记录等）和驾驶员反映的车辆使用状况（包括汽车动力性、异响、转向、制动及油料消耗等）确定所需检测项目（如表 5-1 所示），依据检测结果及车辆实际技术状况进行诊断，从而确定附加作业。附加作业项目确定后与基本作业项目一起进行，二者统称为二级维护作业。

二级维护作业过程中要进行过程检验，过程检验项目的技术要求应满足有关的技术标准或规范。

二级维护作业完成后，应经维护企业进行竣工检验（如表 5-2 所示），竣工检验合格的车辆，由维护企业填写《汽车维护竣工出厂合格证》后方可出厂。

表 5-1 汽车二级维护检测项目

序号	检 测 项 目
1	发动机功率，汽缸压力
2	汽车排气污染物，三效催化转化装置的作用
3	电控燃油喷射系统
4	柴油车检查供油提前角、供油间隔角和喷油泵供油压力
5	制动性能、检查制动力
6	转向轮定位，主要检查前轮定位角和转向盘自由转动量
7	车轮动平衡

续表

序号	检 测 项 目
8	前照灯
9	操纵稳定性，有无跑偏、发抖、摆头等现象
10	变速器，有无泄漏、异响、松脱、裂纹等现象，换挡是否轻便灵活
11	离合器，有无打滑、发抖现象，分离是否彻底，接合是否平稳
12	传动轴，有无泄漏、异响、松脱、裂纹等现象
13	后桥，主减速器有无泄漏、异响、松动、过热等现象

表 5-2 二级维护竣工要求

序号	维护内容	技 术 要 求	备 注
1	清洁整车	汽车外部、各总成外部、三滤应清洁	检视
	整车面漆	车身面漆、腻子无脱落现象，补漆颜色应与原色基本一致	检视
	整车对称	车体应左右对称	汽车平置检查
	整车紧固	各总成外部螺栓、螺母按规定扭矩紧固，锁销齐全有效	检查
	润滑整车	发动机、变速器、转向器、减速器润滑符合规定，各通气孔畅通。各部润滑点润滑脂加注符合要求。润滑脂油嘴齐全有效，安装位置正确	检视
	密封及电器	全车无油、水、气泄漏，密封良好，电器工作可靠，绝缘良好	检视
	前照灯、信号、仪表、刮水器、后视镜等装置	稳固、齐全、有效、符合有关规定	检视
2	路试检查发动机工作状况	发动机能正常起动，低、中、高速运转均匀及稳定，水温正常，加速性能良好，无断裂、回火、放炮等现象，发动机运转稳定后应无异响	路试
	路试检查发动机功率	无负荷功率不小于额定值的 80%	检测
	路试检查发动机装置	齐全有效	检视
3	检测离合器踏板自由行程	符合原厂规定	检测
	路试检查离合情况	接合平稳，分离彻底，无打滑、抖动及异响	路试

续表

序号	维护内容		技术要求	备注
4	转向系	转向盘最大转动量	符合规定	检查
		横直拉杆装置	球头销不松旷，各部螺栓、螺母紧固，锁止可靠	检查
		转向机构	操作轻便、转动灵活，无摆振、跑偏等现象。车轮转到极限位置时，不得与其他部件有擦碰现象	检测
		前束及最大转向角	符合规定	检测
		侧滑	符合 GB 7258—2017 中的有关规定	检测
5	传动系	变速器、传动轴、主减速器	变速器操纵灵活、不跳挡，不乱挡。变速器传动轴、主减速器各部件无异响，传动轴装配正确	路试
6	行驶系	轮胎	轮胎磨损应在规定范围内、同轴轮胎应为相同的规格和花纹，转向轮不得使用翻新轮胎，轮胎气压符合规定，后轮辋孔与制动鼓观察孔对齐	检查
		钢板弹簧	钢板弹簧无断裂、位移、缺片，U 型螺栓紧固，前后钢板支架无裂纹及变形	检查
		减震器	稳固有效	路试
		车架	车架无变形，纵、横梁无裂纹，铆钉无松动，拖车钩、备胎架齐全，无裂损变形，连接牢固	检查
		前后轴	无变形及裂纹	检查
7	制动系	制动性能	应符合 GB 7258—2017 中的有关规定	路试或检测
		制动踏板自由行程	符合规定	
		驻车制动性能	应符合 GB 7258—2017 中的有关规定	路试和检测
8	滑行性能		符合规定	路试或检测
9	车身、车箱		驾驶室装置紧固，门锁链灵活无松旷，限动装置齐全有效，车门关闭牢靠，无松动，挡风玻璃完好，窗框严密，门把、门锁、玻璃升降器齐全有效。发动机罩锁扣有效，暖风装置工作正常	检查
10	尾气排放测量		符合有关标准的规定	检测

汽车二级维护作业流程如图 5-1 所示。

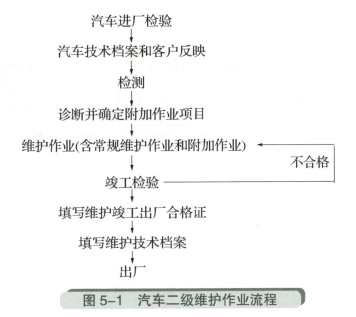

图 5-1 汽车二级维护作业流程

学习目标

知识目标：

1) 熟悉汽车二级维护作业的内容及技术要求。
2) 熟悉汽车二级维护作业的流程。
3) 熟悉汽车二级维护的操作方法、步骤。

能力目标：

1) 能描述汽车二级维护的内容。
2) 能描述汽车二级维护的操作方法、步骤。
3) 能正确地对汽车进行二级维护。

素质目标：

1) 具有安全意识、质量意识。
2) 具有遵纪守法意识。
3) 树立并维护正确的人生观、价值观。
4) 树立创造有价值的人生的信念。

任务一 汽车油液的检查、补给及部件的润滑作业

任务导入

一家4S店接到客户预约,明天开一辆1.8 L的卡罗拉轿车来进行二级维护。汽车油液的检查、补给及部件的润滑作业是二级维护中的一项任务,如果你是技术员,你应知道哪些知识、做哪些准备、按什么流程进行操作呢?

知识准备

一、汽车油液检查的目的

汽车油液检查的目的是防止汽车零部件因缺少油液工作而加速磨损或变形,延长车辆零部件使用寿命,确保行车安全。

二、作业内容

(一)检查、补给作业内容

1)检查、更换发动机机油及机油滤清器。
2)检查、补充转向助力液。
3)检查、补充冷却液。
4)检查变速器油。
5)检查、补充制动液。
6)检查、补充驱动桥油。
7)检查、补充玻璃洗涤液。

（二）润滑作业内容

车门铰链、发动机舱盖及行李箱盖轴润滑。

三、操作注意事项

1）三件套为易损件，安装时要防止撕破。

2）不要随意进入车内起动发动机。

3）进车辆前要安放好车轮挡块。

4）不能随意按动举升机操纵开关。

任务实施

一、准备工作

1）将汽车停放于平坦场地上，在前轮或后轮安放车轮挡块。

2）拉满驻车制动杆行程，换挡杆置于 P 位置，拉起发动机舱盖释放杆。

3）安装车内三件套，安放翼子板布、前格栅布。

二、操作过程

（一）检查、更换发动机机油及机油滤清器

1. 更换目的

为确保发动机运转时获得足够数量、干净清洁的润滑油，防止发动机因缺油或油质下降而出现过热、拉缸、功率下降等情况。

2. 操作步骤

1）检查机油油位和油质。

方法：滴一些机油在干净的玻璃上或其他干净容器内，观察机油的油色，或用手搓机油。

油色清澈：表示机油污染很轻。多级机油加有添加剂会比较快变黑，这是正常现象。

机油呈雾状：表示机油已被冷却液污染，应更换。

机油呈灰白色：表示机油已被燃油污染，应更换。

机油明显出现分层且上层油色变淡：表示添加剂失效，应更换。

明显感觉有颗粒状异物：表示机油中有较多的杂质，应更换。

2）起动发动机，让发动机预热 2~3 min 后熄火（在此期间，可进行其他项目的检查）。

3）举升车辆至适合工作高度。

4）拆下机油排放螺塞，如图 5-2 所示，把机油排入机油回收桶（在此期间可以进行油液渗漏的检查）。

图 5-2　拆卸机油排放螺塞

5）待机油排放完毕，用专用工具把机油滤清器拆卸下来，如图 5-3 和图 5-4 所示，并把安装座擦拭干净。

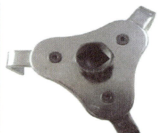

图 5-3　机油滤清器专用工具

图 5-4　拆卸机油滤清器

6）在新机油滤清器密封圈上抹上新机油（如图 5-5 所示）后，把滤清器装入安装座使密封圈刚好贴合安装座，用专用工具把滤清器拧紧 3/4 圈（约 18 N·m）即可。

图 5-5　在新机油滤清器上抹新机油

7）更换排放塞垫片，把排放塞装上，用工具拧至规定扭矩。

8）降下车辆，按标准量添加机油，5 min 后抽出油尺检查机油液位，偏低则适当补充。

3. 技术要求

1）排放机油时，要打开机油加注口盖。

2）机油加注量要符合规定，应每 5 000 km 更换机油及机油滤清器。

3）紧固机油滤清器时，不能超过规定的扭矩。

（二）检查、补充冷却液

1. 检查目的

为确保有足够的冷却液，保证发动机能正常运转，防止发动机散热不良而出现过热、功率下降，甚至造成机件损坏现象。冷却液不足应及时添加（冷却液一般呈红色或绿色）。

2. 操作步骤

用手轻拍储液罐，如图 5-6 和图 5-7 所示。观察冷却液液面，低于 MAX—MIN 刻度线的应及时添加。如冷却液污浊或充满水垢，应更换冷却液并清洗冷却系统。冷却液的加注如图 5-8 所示。

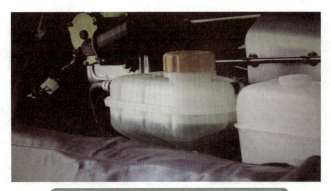

图 5-6　五菱车冷却液储液罐

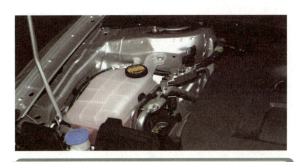

图 5-7　卡罗拉轿车冷却液储液罐

图 5-8　冷却液的加注

3. 技术要求

冷却液每 45 000 km 进行更换，液面应在 MAX—MIN 刻度线范围内。

（三）检查、补充制动液

1. 检查目的

为防止制动液减少使辆制动效果下降，甚至制动失灵，造成车辆运行时存在安全隐患或产生安全事故（制动液颜色一般呈淡黄色，更换周期一般为两年或 40 000 km）。

检查制动液液面高度

2. 检查内容

液位和品质检查。

3. 操作方法

用手轻轻拍动制动液储液罐（或打开盖子目视），如图 5-9 和图 5-10 所示，观察冷却液液位是否在 MAX—MIN 刻度线之间，不足应及时添加。目视制动液是否脏污，若脏污应及时更换。

图 5-9　五菱车制动液储液罐

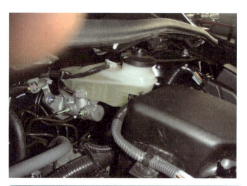

图 5-10　卡罗拉轿车制动液储液罐

4. 技术要求

1）液位应在 MAX—MIN 刻度线之间（最好在中间偏上位置）。

2）每 10 000 km 或半年检查一次，每 40 000 km 或 2 年更换一次。

3）制动液含水量应小于 3%。

用测试笔吸入制动液测试制动液的含水量，快速检测制动液的好坏，便于及时更换，如图 5-11 所示。

图 5-11　检查、测试制动液

技术参数如下。

LED 灯绿色：制动液含水量小于 1.5%，制动液合格。

LED 灯黄色：制动液含水量为 1.5%~3%，可以继续使用，6 个月以后再检测一次。

LED 灯红色：制动液含水量大于 3%，制动液不能继续使用，需要更换。

（四）检查、补充玻璃喷洗液

1. 检查目的

了解喷洗液液位，以便及时添加，保证挡风玻璃清洗所需的清洗液。

2. 检查方法

轻轻拍打储液罐，观察清洗液液位是否在规定范围内，如图 5-12~图 5-14 所示。

图 5-12　玻璃清洗液储液罐

图 5-13　检查五菱车玻璃洗涤液

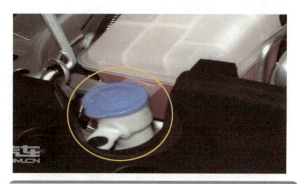

图 5-14　卡罗拉轿车玻璃洗涤液储液罐

3. 技术要求

液位要在刻度线范围内，如液位偏低应添加。

检查喷洗液液面高度

检查喷洗液液面

（五）检查、补充转向助力液

1. 检查目的

了解转向液液位，以便及时添加，保证转向系统能够正常工作。

2. 操作步骤

1）打开转向助力油罐端盖。
2）取出油尺观察油液位是否在上、下限刻度线之间位置，偏低则添加到标准位置。
3）检查转向助力液管路是否有泄漏。

3. 技术要求

液位应在刻度线中间位置，管路无泄漏现象，油质良好；应每 10 000 km 或 6 个月检查一次。

(六)检查变速器油

1. 检查目的

了解变速箱液位及油液质量,以便及时添加或更换,保证变速器内的齿轮润滑充分,防止齿轮过早磨损。

2. 检查内容

油位和油质。

3. 操作步骤

(1)检查手动变速器油

1)拧下油位检查孔螺塞,如图5-15所示。

2)从检查孔伸入手指,检查油位是否达到规定油位,如图5-16所示。油位应不低于孔边15 mm(一节手指应能碰到油面),若油量不足,应补充齿轮油。

图5-15 拧下油位检查孔螺塞

图5-16 检查手动变速器油油位

3)用手搓变速器油,检查油中有无颗粒物,闻变速器油有无焦味,有颗粒物或焦味的应进行更换。

(2)检查自动变速器油

1)起动发动机。

2)把换挡杆从P挡拉到B(或L)挡,再从B(或L)拉回P挡。

3)拉出变速器油油尺,观察液位是否在"热"(HOT)范围内,如图5-17所示。

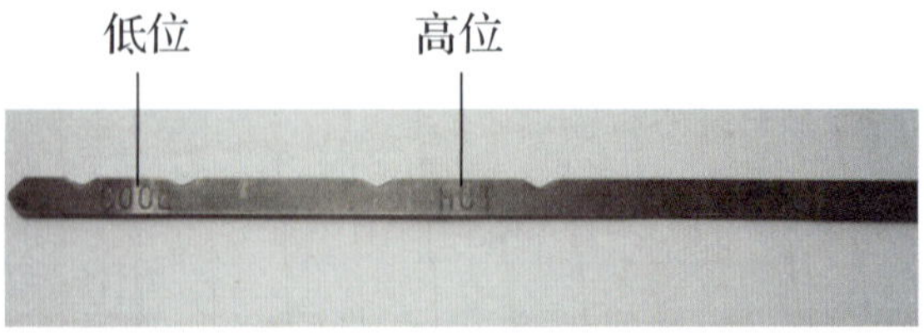

4. 技术要求

液位应在规定范围内,油质良好、无焦味。

图5-17 自动变速器油油位标准

变速器油每40 000 km检查更换一次(自动变速器油一般80 000 km更换一次)。

（七）检查、驱动桥油

1. 检查目的

防止驱动桥齿轮液位偏低造成润滑不良，使齿轮加速磨损。

2. 操作步骤

1）拧下油位检查孔螺塞。

2）从检查孔伸入手指，检查油位是否达到规定油位，如图 5-18 所示。油位应不低于孔边 15 mm（一节手指应能碰到油面），若油量不足，应补充齿轮油。

图 5-18 检查油驱动桥油油位

3. 技术要求

油位在《维修手册》规定范围内，每 20 000 km 检查一次，每 40 000 km 更换一次。

4. 注意事项

1）补充或更换机油时，应注意机油的牌号。

2）补充冷却液时，要等待发动机冷却后再打开水箱盖，以防烫伤或引起缸体、缸盖变形。

（八）润滑作业

用润滑油（脂）对车门铰链、发动机舱盖、行李箱盖等绕轴转动或滑动的全车部件进行润滑。要求润滑油（脂）不宜过多，反复转动（或滑动）数次润滑部件，让润滑油（脂）均匀分布。

任务二 车身电器及方向盘、制动器的检查、调整作业

任务导入

一家 4S 店接到客户预约，明天开一辆 1.8 L 的卡罗拉轿车来进行二级维护。车身电器及方向盘、制动器的检查、调整作业是二级维护中另一项工作任务，如果你是技术员，你应知道哪些知识、做哪些准备、按什么流程进行操作呢？

知识准备

一、检查目的

了解汽车车灯、制动器、喇叭、方向盘等安全部件的工作状况，便于发现它们存在的故障和隐患并及时进行检修，确保行车安全。

二、作业内容

1）车灯的检查。
2）制动器的检查。
3）喇叭、方向盘的检查。

三、操作注意事项

1）不要随意进入车内起动发动机。
2）不得随意按动举升机开关。
3）正确使用工具和量具。
4）不能随意摇晃升起的车辆。

任务实施

一、准备工作

1）换挡杆置于P位置。
2）安放车轮挡块。
3）安装三件套。

二、操作过程

（一）认识车灯开关

车灯开关如图5-19所示。

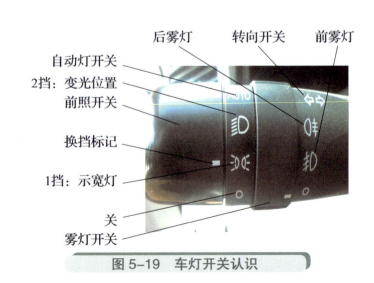

图5-19 车灯开关认识

（二）车灯开关的操作

1. 前照开关的操作

逆时针旋转前照开关：

1）换挡标记转到 1 挡位置时，前后示宽灯、牌照灯、仪表灯、开关照明灯点亮；

2）换挡标记转到 2 挡位置时，前照灯、示宽灯、牌照灯、仪表灯、开关照明灯点亮。

2. 雾灯开关的操作

逆时针旋转雾灯开关：

1）换挡标记转到前雾灯开关位置（先开位置灯）时，前雾灯点亮；

2）换挡标记转到后雾灯开关位置（先开位置灯）时，后雾灯点亮。

3. 转向开关的操作

往上（下）轻轻拨动转向开关，左侧（右侧）前后转向灯、转向指示灯点亮。

4. 危险警告灯开关的操作

如图 5-20 所示，往下按压危险警告灯开关，危险警告灯及指示灯点亮；再次按压危险警告灯开关，危险警告灯及指示灯熄灭。

图 5-20 危险警告灯开关

（三）车灯的认识

车灯的认识如图 5-21~图 5-24 所示。

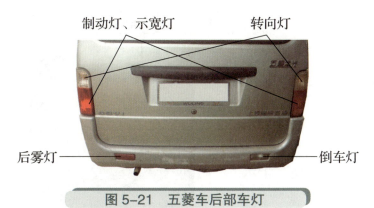

图 5-21 五菱车后部车灯　　图 5-22 五菱车前部车灯

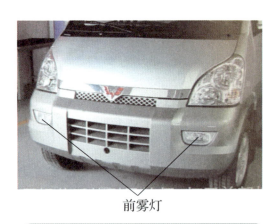

图 5-23 五菱车车灯

图 5-24 卡罗拉轿车车灯

（四）车灯的检查

1. 检查汽车前部车灯

检查示宽灯、雾灯、远光灯、近光灯、闪光灯、转向灯、危险警告灯。

（1）检查方法

1）技师打开车灯开关，发出"×××灯点亮"指示（检查转向灯时，技师转动方向盘自行检查转向开关的自动复位功能）。

2）助手在车外进行手势配合，并发出"正常"或"不正常"提示，如图 5-25 所示。

图 5-25 检查汽车前部车灯

（2）技术要求

车灯完整有效，工作正常。

2. 检查汽车后部车灯

将换挡杆置于 R 位置，检查示宽灯、牌照灯、雾灯、远光灯、近光灯、闪光灯、转向灯、危险警告灯、制动灯、倒车灯，如图 5-26~图 5-28 所示。

（1）检查方法

1）技师打开车灯开关，发出"×××灯点亮"指示。

2）助手在车外进行手势配合，并发出"正常"或"不正常"提示。

图 5-26 换挡杆置于 R 位置

（2）技术要求

车灯完整有效，工作正常。

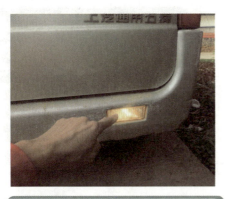

图 5-27 倒车灯点亮

图 5-28 检查汽车后部车灯

3. 检查汽车内部顶灯、仪表照明灯、开关照明灯、指示灯、仪表警告灯

（1）检查方法

技师自行打开车内灯开关，检查车灯工作情况，如图 5-29 和图 5-30 所示。

（2）技术要求

车灯完整有效，工作正常。

图 5-29 检查顶灯

图 5-30 检查仪表照明灯、指示灯、仪表警告灯

（五）玻璃喷洗器和雨刮器的检查

1. 操作步骤

1）认识喷洗器和雨刮器开关，如图 5-31 所示。

2）检查 PULL（喷水）压力、喷射位置及雨刮器联动功能是否正常。

3）检查雨刮器 MIST（去雾）、INT（间歇）、LO（低速）、HI（高速）挡是否正常有效。

图 5-31 喷洗器和雨刮器开关

4）检查雨刮器刮水效果及刮水电动机停转后雨刮器复位功能是否正常。

2. 技术要求

喷洗器和雨刮器正常有效，雨刮器复位功能正常。

（六）喇叭的检查

1. 操作方法

在方向盘转动一周的同时按压喇叭开关，检查喇叭音量、音调，如图5-32所示。

图5-32　检查喇叭音量、音调

2. 技术要求

喇叭音量、音调符合规定。

（七）方向盘的检查

1. 操作步骤

（1）检查松动摆动情况

上下、左右晃动方向盘，检查方向盘有无异常松动、摆动。

（2）检查自由行程

1）摆正转向轮。

2）摆正方向盘，如图5-33所示。

3）轻轻转动方向盘，当转向轮要动作时，用钢尺测量方向盘的移动量，如图5-34所示。

图5-33　摆正方向盘

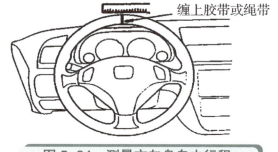

图5-34　测量方向盘自由行程

2. 技术要求

喇叭音量、音调应正常有效；方向盘无异常松动、摆动，自由行程符合《维修手册》要求。不合适的应进行调整。

（八）制动器的检查

1. 检查驻车制动器指示灯和制动杆行程

（1）操作步骤

1）把点火开关置于ON位置，拉驻车制动杆至锁止齿轮响第一响，检查指示灯是否点亮，如图 5-35 所示。

2）把驻车制动杆往上拉满行程，同时检查锁止齿轮是否响 6~9 响。

（2）技术要求

制动指示灯应正常有效，制动杆行程应符合《维修手册》规定，否则应进行调整。

图 5-35　检查驻车制动器

2. 检查行车制动器踏板高度、踏板余量、踏板自由行程、踏板工作情况

（1）检查制动器踏板高度（应移开地板上的地毯再进行测量）

1）操作步骤。

①起动发动机，释放驻车制动杆。

②取钢尺垂直于踏板，测量踏板至车厢地板的距离即为踏板高度，如图 5-36 所示。

2）技术要求。

测量参数符合《维修手册》规定（一般为 150~160 mm）。

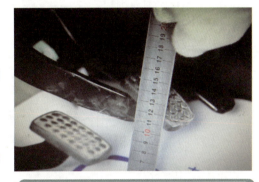

图 5-36　检查制动器踏板高度

（2）检查踏板余量（应移开地板上的地毯再进行测量）

1）操作步骤。

①把踏板踩到底。

②取钢尺测量踏板至车厢地板之间的距离。

2）技术要求。

测量参数符合《维修手册》规定（一般为 70~80 mm）。

（3）检查踏板状况

1）操作方法。

把踏板慢慢往下踩，检查踏板反应是否灵敏、能否完全踩到底、是否有异常噪声、是否过度松动。

2）技术要求。

踏板应反应灵敏、能完全踩到底、无异常噪声和过度松动。

（4）检查踏板自由行程（应移开地板上的地毯再进行测量）

1）操作步骤。

①关闭点火开关让发动机熄火，踩下再松开制动踏板 30~40 次。

②用手指轻轻按压制动踏板，并用钢尺测量踏板从开始移动到有明显阻力时踏板的移动量，即为踏板的自由行程。

2）技术要求。

踏板自由行程应符合《维修手册》规定（一般为 1~6 mm）。

（5）检查制动助力器工作情况

1）操作步骤。

①关闭点火开关。

②把制动踏板踩到底后，起动发动机。此时，踏板应自动下沉一定的行程。

2）技术要求。

起动发动机后踏板要下沉。

（6）检查制动助力器气密性

1）操作步骤。

①起动发动机，让发动机运转 1~2 min 后停机。

②踩压制动踏板 3~4 次，检查每次踩压后踏板返回的高度是否越来越大。

2）技术要求。

每次踩压后踏板返回的高度应越来越大。

（7）检查制动助力器真空功能

1）操作步骤。

①起动发动机后，把制动踏板踩到底。

②关点火开关让发动机熄火，保持大约 30 s 后，检查踏板的高度是否产生变化，如图 5-37 所示。

2）技术要求。

踏板的高度应不变。

图 5-37 检查制动助力器

3. 检查盘式制动器

（1）检查内容

制动活塞油液渗漏情况、制动片磨损情况、制动盘磨损情况及径向跳动。

（2）操作步骤

1）把车辆升起到车轮中心与胸部齐平位置后锁止举升机。

2）用气动扳手拆下前轮轮胎，并拆下制动卡钳，如图 5-38 所示，用铁钩挂在减震弹簧上。

3）拆下制动片并把制动片、制动盘擦干净。

4）检查制动卡钳：目视制动活塞有无油液渗漏。

5）检查制动片，如图 5-39 所示。

①目视制动片是否磨损均匀、磨损过度。

②用钢尺分 3 个点测量制动片厚度是否到使用极限，并视情进行更换。

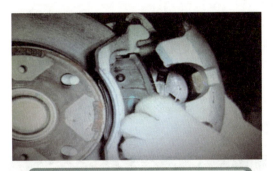

图 5-38　拆卸制动卡钳

图 5-39　检查制动片

6）制动盘的检查与测量。

①目视制动盘有无刮痕、损伤。

②用外径千分尺测量制动盘厚度，如图 5-40 所示。

③用百分表测量制动盘径向跳动量，如图 5-41 所示。

图 5-40　测量制动盘厚度

图 5-41　测量制动盘径向跳动量

7）把制动片、制动卡钳按照与拆卸时相反的顺序安装到制动器上后，装上制动器总成。

（3）技术要求

制动片、制动盘磨损量、径向跳动量符合《维修手册》规定。更换制动片时，应在消音垫片上涂抹润滑脂后再安装。

4. 检查鼓式制动器

（1）检查内容

分泵油液渗漏情况，制动蹄片及制动盘磨损情况，制动蹄片外直径。

（2）操作步骤

1）用气动扳手拆下后轮轮胎，并拆下制动盘，用干净软布把制动蹄片和制动盘擦拭干净。有油污的则用细砂纸擦拭干净。

2）目视制动分泵有无油液渗漏。

3）测量制动蹄片厚度，如图5-42所示。

①目视制动片是否磨损均匀、磨损过度。

②用游标卡尺测量制动片厚度是否到使用极限（剩余厚度为1 mm），并视情进行更换。

4）测量制动盘内径，如图5-43所示。

①目视制动盘有无刮痕、损伤。

②用游标卡尺测量制动盘直径是否到使用极限。

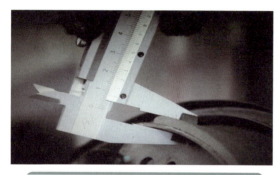

图5-42 测量制动蹄片厚度

图5-43 测量制动盘的内径

5）测量两块制动蹄片外直径，与制动盘内直径进行比较，二者应有0.2 mm的间隙，否则对调节装置进行调整。

6）把制动器按照与拆卸时相反的顺序装好。

（3）技术要求

制动蹄片、制动盘磨损量，制动蹄片与制动盘间隙应符合《维修手册》规定。

（九）制动拖滞、车轮轴承及轮胎的检查、安装

1. 操作步骤

（1）检查制动器是否有拖滞现象

1）临时安装紧固螺母固定制动盘。

2）转动制动盘，检查制动器有无拖滞现象，如图5-44所示。

图5-44 检查制动拖滞

（2）检查车轮

1）用气压表检查胎压是否符合规定，否则应按

规定值进行充气。

2）在气门、轮胎边、胎面抹上肥皂泡,检查轮胎漏气情况。

3）轮胎异物嵌入检查:转动轮胎,观察胎槽内有无石头、玻璃等嵌入物或刺入铁钉等,如图5-45所示。

4）胎纹深度检查:用钢尺或轮胎深度规测量轮胎花纹深度(应大于1.6 mm),观察轮胎磨损标记(胎面不应与磨损标记平齐),如图5-46所示。

5）钢圈的检查:观察钢圈有无生锈、变形。

检查轮胎

图5-45 检查轮胎

图5-46 检查磨损标记

2. 技术要求

制动器无拖滞现象。胎压符合规定,轮胎无漏气、无异常磨损和过度磨损;无裂纹和石头、玻璃等嵌入物;钢圈无生锈、变形现象。

3. 安装车轮

（1）操作方法

双手抱住车轮下部,将轮胎装到轮毂上,一手按住轮胎,另一手将轮胎螺母安装到螺栓上,对螺母进行初步预紧,如图5-47所示。

（2）技术要求

对角分两次预紧车轮轮毂螺母。

4. 检查车轮转动状况和噪声

（1）操作方法

用手转动车轮,观察车轮是否平稳转动,倾听有无异响,如图5-48所示。

（2）技术要求

车轮转动时应平稳、无异响。

图 5-47 安装车轮

图 5-48 检查转动状况和噪声

5. 车轮的紧固

（1）操作步骤

1）降下车辆。

2）选择合适套筒、延伸杆装入扭矩扳手中。

3）把扭矩扳手调到规定扭矩的 1/2，按对角顺序紧固轮毂螺母。

4）把扭矩扳手调到规定的扭矩，按对角顺序紧固轮毂螺母。

（2）技术要求

轮毂螺母的紧固扭矩符合《维修手册》规定。

⚠ 注意：在进行轮胎检查的同时，应进行轮胎换位，以防止轮胎偏磨。轮胎换位在车辆每行驶 10 000 km 时进行。

轮胎的换位方式如图 5-49 所示。

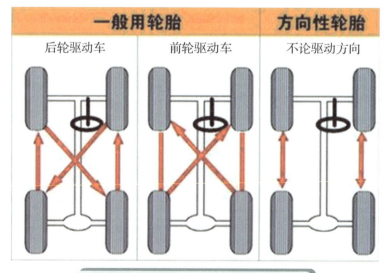
图 5-49 四轮汽车轮胎换位方式

☺ 提示：花纹不对称的轮胎为方向性轮胎。方向性轮胎胎侧有箭头或英文 Outside 标示，表示外侧的意思。

任务三　车身部件及汽车底部的检查、紧固作业

任务导入

一家4S店接到客户预约，明天开一辆1.8 L的卡罗拉轿车来进行二级维护。车身部件及汽车底部的检查、紧固作业是二级维护中第三项工作任务，如果你是技术员，你应知道哪些知识、做哪些准备、按什么流程进行操作呢？

知识准备

一、检查目的

了解车身及汽车底部安全部件状况，掌握它们存在的故障或隐患，便于及时检修，确保行车安全。

二、作业内容

1）检查座椅、车门、发动机舱盖、行李箱盖螺栓、螺母紧固情况。
2）检查悬架、安全带、门灯开关、油箱盖、车灯总成技术状况及车身倾斜情况。
3）检查车辆底部冷却液、机油等油液渗漏情况。
4）检查车辆底部部件安装、损坏情况及连接件螺栓、螺母紧固情况。

三、操作注意事项

1）不要随意进入车内起动车辆。
2）不能随意按动举升机操纵开关。
3）升降车辆时人员不能留在车内，并确保举升机周围无杂物和其他障碍物。

4）举升车辆时，操作人员要发出"升（降）车请注意"的警示。

5）检查排气管时要戴好劳保手套。

任务实施

一、准备工作

1）拉起油箱盖、行李箱盖、发动机舱盖释放杆。

2）顶灯开关拨到DOOR位置。

3）降下车窗玻璃。

4）换挡杆置于N或P位置。

5）充足轮胎气压。

二、操作过程

（一）检查座椅螺栓紧固状况（前、后座椅检查方法相同）

1. 操作步骤

1）抓住座椅侧面边缘。

2）往两侧前门方向推拉座椅，如图5-50所示。

2. 技术要求

螺栓紧固正常，无异常松动。

（二）检查安全带状况（前、后安全带检查方法相同）

1. 操作步骤

1）检查肩带和跨带是否有损坏、刮痕。

2）检查导向器上下移动是否灵活。

3）检查肩带安全锁定功能是否正常。

4）检查扣环的锁止功能是否正常。

2. 技术要求

安全带表面无损伤、无刮痕，如图5-51所示；导向器、扣环的锁止功能正常。

图 5-50 检测座椅

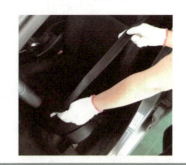

图 5-51 检查安全带

（三）检查车门铰链的紧固状况（四门相同）

车门螺栓应紧固正常，铰链灵活、无异响。

（四）检查车门及门灯开关

打开车门，门控灯、指示灯应点亮；关闭车门，门控灯、指示灯应熄灭，如图 5-52 所示。

（五）检查车门儿童安全锁（后车门）

1. 操作方法

安全锁往下拨到底。关上车门，检查能否从车内打开车门，如图 5-53 所示。

2. 技术要求

锁止儿童安全锁后，不能从车内打开后车门。

图 5-52 检查车门

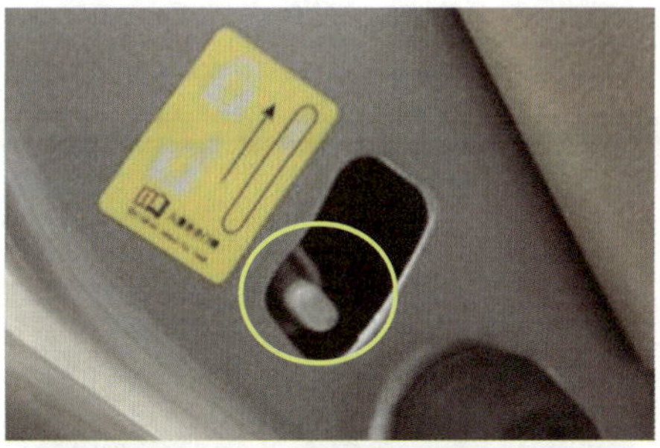

图 5-53 锁止儿童安全锁

（六）检查油箱盖

1. 检查方法

观察密封垫是否变形、损坏，装上并旋紧油箱盖能否发出"咔嗒"声并能自由转动，观察附件弹簧是否正常，如图 5-54 所示。

检查油箱盖

图 5-54 检查油箱盖 O 形垫

2. 技术要求

O 形橡胶垫无变形、凹陷、损伤，扭矩限制器工作正常。

（七）检查悬架（前、后悬架检查方法相同）

1. 减震器减震力的检查

（1）操作方法

双手按压汽车后部，上下按压然后松开车身，确定减震器的缓冲力的大小，记录车身停止摇动要多长时间，如图5-55所示。

（2）技术要求

减震器缓冲力应平缓有效。

2. 车身倾斜检查（前、后车身检查方法相同）

（1）操作方法

目测车辆是否倾斜，如图5-56所示。车身有倾斜斜的应检查轮胎气压、车辆负荷分配。

（2）技术要求

车身无倾斜现象。

图5-55 检查减震器减震力

图5-56 检查车身倾斜

（八）检查车灯总成

1. 操作步骤

1）目测车灯灯罩表面是否有脏污、损坏，罩内是否有积水，如图5-57所示。

2）用手轻轻推动灯罩，检查车灯总成是否松动。

2. 技术要求

车灯表面无刮痕、无损伤、无脏污，总成无异常松动，内部无积水。后车灯总成如图5-58所示。

检查车灯总成

图5-57 车灯的检查

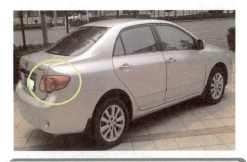

图5-58 后车灯总成

（九）检查备用轮胎

检查方法、技术要求与装车轮胎检查方法、技术要求相同，如图5-59所示。

图5-59 备用轮胎安装位置

（十）检查行李箱盖、发动机舱盖

1. 操作方法

上下、左右摇动行李箱盖、发动机舱盖，如图5-60、图5-61所示。

2. 技术要求

行李箱盖、发动机舱盖螺栓无异常松动。

图5-60 检查行李箱盖

图5-61 检查发动机舱盖

检查发动机舱盖

（十一）汽车底部油液泄漏情况的检查

1. 操作步骤

1）检查发动机机油、变速器油是否泄漏，如图 5-62、图 5-63 所示。

①观察机油油底壳、排油螺塞、油封、机油滤清器接触面是否渗漏。

②观察油底壳、排油螺塞、油封接触面是否渗漏。

图 5-62　检查机油是否泄漏

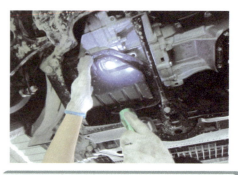

图 5-63　检查变速器油是否泄漏

2）检查转向助力油是否泄漏。

观察转向助力器油管接口是否渗漏，如图 5-64 所示。

3）检查制动液是否泄漏。

检查前、后轮制动软管，制动卡钳，排气螺塞，制动管路是否渗漏，如图 5-65 所示。

4）检查减震器减震油是否泄漏，如图 5-66 所示。

5）检查燃油是否泄漏。

检查燃油管路、燃油箱、燃油滤清器是否渗漏。

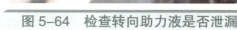

图 5-64　检查转向助力液是否泄漏

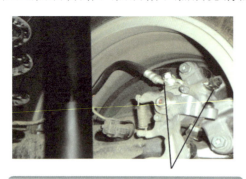

图 5-65　检查制动液是否泄漏

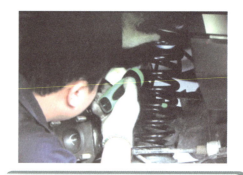

图 5-66　检查减震油是否泄漏

2. 技术要求

油底壳、排油螺塞、油封、机油滤清器、燃油滤清器、软管等部位不应有渗漏现象；

否则，应进行检修。

（十二）汽车底部部件损坏情况，螺母、螺栓紧固情况的检查

1. 检查驱动轴护套

（1）操作方法

目视检查驱动轴护套、卡箍，如图 5-67 所示。

（2）技术要求

护套无裂纹及其他损坏；卡箍安装正确、无损坏；无润滑脂泄漏。

2. 检查转向连接机构

（1）操作方法

目视并晃动横拉杆等连接件，如图 5-68 所示。

（2）技术要求

连接件应无松动、摆动、弯曲、损坏。

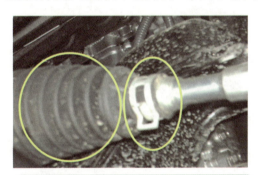

图 5-67　检查驱动轴护、卡箍

图 5-68　转向横拉杆连接杆

3. 检查前、后制动软管

（1）操作方法

把前转向轮转到最大角度，观察制动软管是否触碰车轮、有裂纹。直接观察后制动软管是否有裂纹，如图 6-69 所示。

（2）技术要求

制动软管应不与车轮触碰、无裂纹。

4. 检查燃油管、制动油管

油管应无扭曲、凹瘪。

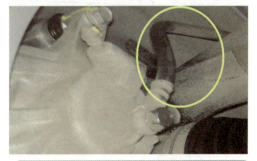

图 5-69　检查制动软管

5. 检查排气管接头、吊耳、消声器

（1）操作方法

观察排气管接头、吊耳、消声器，如图5-70、图5-71所示。

（2）技术要求

接头应无黑色废气泄漏痕迹；吊耳、消声器无松脱、损坏。

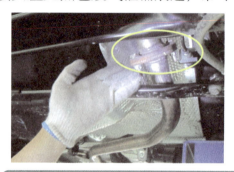

图5-70 检查排气管接头

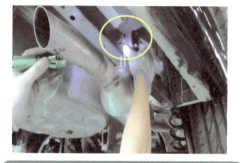

图5-71 检查排气管吊耳

6. 检查悬架（前、后悬架检查方法、技术要求相同）

（1）损坏情况检查

1）操作方法。

观察转向节、减震器、螺旋弹簧、稳定杆、下臂等组件，如图5-72所示。

2）技术要求。

悬架各组件应无弯曲、变形、裂纹等损坏现象。

（2）减震器油液渗漏情况检查

观察减震器表面，应无油液渗漏痕迹，如图5-73所示。

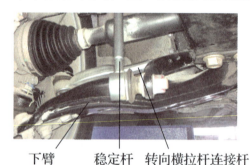

图5-72 下臂、稳定杆、转向横拉杆连接杆

图5-73 检查减震器、减震弹簧

（3）连接情况、摆动情况检查

1）操作方法。

用手上下摇晃稳定杆、横拉杆连接；观察衬套外围。

2）技术要求。

稳定杆、横拉杆连接无异常松动，无损坏；衬套无裂纹、损坏。

7. 检查汽车底部螺栓、螺母（如图5-74所示）紧固情况

（1）检查内容

1）中间梁 × 车身。

2）下臂 × 横梁。

3）球节 × 下臂。

4）横梁 × 车身。

5）下臂 × 横梁。

6）中间梁 × 横梁。

7）盘式制动器扭矩板 × 转向节。

8）球节 × 转向节。

9）减震器 × 转向节。

10）稳定杆连接杆 × 减震器。

11）稳定杆 × 稳定杆连接杆。

12）转向机外壳 × 横梁。

13）稳定杆 × 车身。

14）横拉杆端头锁止螺母。

15）横拉杆端头 × 转向节。

16）拖臂和桥梁 × 车身。

17）拖臂和桥梁 × 后轮毂。

18）制动分泵 × 背板。

19）稳定杆 × 拖臂和桥梁。

20）减震器 × 拖臂和桥梁。

21）减震器 × 车身。

图5-74 检查车底连接螺栓、螺母

（2）操作方法

用扭矩扳手或梅花扳手、套筒扳手按紧固的方向，检查车底各连接件螺栓、螺母是否松动，紧固扭矩是否在规定范围。

（3）技术要求

各连接件螺栓、螺母应无松动，紧固扭矩应在《维修手册》规定范围。

任务四　发动机舱各部件的检查、紧固作业

任务导入

一家4S店接到客户预约,明天开一辆1.8 L的卡罗拉轿车来进行二级维护。发动机舱各部件的检查、紧固作业等二级维护中第四项工作任务,如果你是技术员,你应知道哪些知识、做哪些准备、按什么流程进行操作呢?

知识准备

一、检查目的

了解发动机舱各部件状况,便于及时进行维护与检修,确保发动机正常运转及行车安全。

二、作业内容

1) 检查发动机连接件、前减震上支撑、蓄电池支架、冷却系连接软管的紧固情况。
2) 检查传动皮带松紧度、油液渗漏情况、火花塞燃烧情况、水箱盖密封性。
3) 检查冷却液冰点、电解液相对密度。

三、操作注意事项

1) 不能随意按动举升机开关。
2) 不能随意起动发动机。
3) 检查空调时,要保持发动机转速平稳、均匀,不能急加速。
4) 工作服的扣子要扣齐、扣牢,不能佩戴首饰进行作业。

任务实施

一、准备工作

1）换挡杆置于 P 位置。
2）拉满驻车制动杆行程。
3）安放车轮挡块,安装三件套及前格栅布、翼子板布。
4）释放发动机舱盖释放杆并打开发动机舱盖。

二、操作过程

（一）检查、紧固发动机连接件，前减震上支撑，蓄电池支架螺母、螺栓

1. 操作方法

目视并用合适的工具检查发动机连接件、前减震上支撑、蓄电池支架螺母螺栓坚固情况，如图 5-75 所示。

2. 技术要求

发动机连接件无变形、裂纹，连接牢固；螺栓扭矩符合《维修手册》规定。

图 5-75 前减震上支撑螺母

（二）检查冷却系连接软管、卡箍

图 5-76 检查冷却系连接软管、卡箍

1. 操作方法

用手摇动软管及卡箍，检查是否有泄漏或松动，如图 5-76 所示。

2. 技术要求

冷却系软管无鼓包、无裂纹、卡箍安装牢固。

（三）检查传动皮带

1. 操作方法

目视检查皮带并用皮带张力仪测量皮带张力，如图 5-77~ 图 5-79 所示。

图 5-77 汽车传动皮带

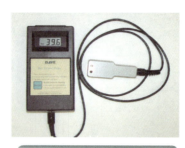
图 5-78 皮带张力仪

图 5-79 皮带张力仪用法

2. 技术要求

皮带无裂纹、无脱层、松紧度符合《维修手册》规定范围。

（四）检查各油液连接管路

1. 操作方法

目视转向液、制动液等油液连接管路表面及接触面。

2. 技术要求

连接管路无凹瘪、无渗漏、无扭曲。

（五）检查火花塞

1. 操作方法

目视火花塞表面并用 0.8~1.0 mm 的塞尺测量电极间隙，取火花塞进行跳火检验，如图 5-80 所示。

2. 技术要求

电极间隙符合规定值，表面清洁，绝缘陶瓷无断裂，电火花连续、集中，每运行 20 000~25 000 km 更换一次。

图 5-80 检查火花塞

（六）检查水箱盖

1. 操作方法

目视水箱盖垫片是否有裂纹或损坏，用手按压或拉动压力阀，如图 5-81 所示。

2. 技术要求

水箱盖垫片应完整正常，压力阀操作平顺有效、无变形锈蚀（应在发动机冷却状态

图 5-81 检查水箱盖

下打开水箱盖)。

(七) 检查蓄电池

1. 操作方法

目视蓄电池端盖、外壳有无变形、鼓胀,加液孔盖透气孔有无堵塞,极柱有无氧化、电解液液面是否合适;用手摇动电缆线夹是否松动。

2. 技术要求

电解液液面应在 MAX—MIN 刻线之间;极柱应无氧化、电缆线夹无生锈、松动;外壳无变形、鼓胀。

(八) 检查冷却液冰点、电解液相对密度

1. 操作方法

用吸管吸入少许冷却液或电解液,打开便携式折射计盖子,在折射计玻璃上滴入 1~2 滴冷却液或电解液,从观察窗观察并读出冷却液冰点或电解液相对密度,如图 5-82、图 5-83 所示。

图 5-82　检查冷却液冰点

图 5-83　查看冷却液冰点

2. 技术要求

折射计玻璃要水平放置,冷却液冰点或电解液相对密度应符合规定。

> **项目小结** →
>
> 二级维护作业由汽车维修企业负责完成,维护周期一般为 15 000~20 000 km。
>
> 二级维护作业包括基本维护作业和附加作业。
>
> 二级维护作业的维护内容主要包括:汽车油液的检查、补给及部件的润滑作业,车身电器及方向盘、制动器的检查、调整作业、车身部件及汽车底部的检查、紧固作业,发动机舱各部件的检查、紧固作业。
>
> 二级维护作业经竣工检验合格后,方可交车出厂。

项目六
雪佛兰轿车 40 000 km 维护作业

汽车 40 000 km 维护作业包含了一级维护、二级维护项目，维护的项目多、费用高、耗时长，是汽车必做的维护作业。现从车辆举升位置及检测项目详细介绍雪佛兰轿车 40 000 km 维护作业的内容、操作流程、技术要求、操作步骤。车辆举升位置及检查的项目如表 6-1 所示。

表 6-1 车辆举升位置及检查的项目

	举升位置一	举升位置二	举升位置三
举升位置			
检查项目	车灯； 玻璃喷洗器和雨刮器； 喇叭和方向盘； 驻车制动器和行车制动器； 车身内外部件	球节（省略不做）	发动机机油（排放）； 汽车底部油液泄漏情况； 驱动轴护套、油管； 转向连接机构； 排气管及安装件、悬架； 安装件紧固螺母、螺栓
	举升位置四	举升位置五	举升位置六
举升位置			

续表

检查项目	车轮轴承； 拆卸、检查车轮； 拆卸、检查盘式制动器； 拆卸、检查鼓式制动器； 制动器拖滞情况； 安装车轮	制动器拖滞情况	安装车轮
举升位置	举升位置七 	举升位置八 	举升位置九
检查项目	发动机机油（加注）、蓄电池、冷却液、电解液冰点、散热器盖、制动液、制动管路、离合器液、炭罐、空气滤清器、传动皮带、火花塞、紧固车轮、PCV系统、空调、转向助力液、减震上支撑座、机油	复检	恢复清洁

学习目标

知识目标：

1）熟悉汽车 40 000 km 维护作业的内容。

2）熟悉汽车 40 000 km 维护作业的流程。

3）熟悉汽车 40 000 km 维护作业的操作方法、步骤。

能力目标：

1）能描述汽车 40 000 km 维护作业的内容。

2）能描述汽车 40 000 km 维护作业的操作方法、步骤。

3）能两人配合完成汽车 40 000 km 维护作业。

素质目标：

1）树立自我发展、全面发展意识。

2）树立服务意识。

3）养成反思的习惯。

任务一　车内护套、护垫的安放

任务导入

一辆雪佛兰轿车进 4S 店进行 40 000 km 保养。如果你是 4S 店的技术员，接车后你该做哪些准备、进行哪些安全防护、怎样做呢？

知识准备

一、安放护套、护垫的目的

防止操作人员弄脏座椅、挂挡杆、方向盘、车厢地板。

二、作业内容

安放地板垫、安装换挡杆套、安装方向盘套、安装座椅套。

三、操作注意事项

1）护套、护垫为易损件，安装时要防止撕破。
2）进入车辆前要安放车轮挡块。
3）不要随意进入车内起动发动机。
4）不能随意按压举升机操纵开关。

项目六 雪佛兰轿车 40 000 km 维护作业

任务实施

一、准备工作

1）安放车轮挡块，如图 6-1 所示。
2）拉满驻车制动杆行程。
3）换挡杆置于 P 位置。

图 6-1 安放车轮挡块

二、操作过程

（一）安放地板垫

1. 操作步骤

1）把地板垫展开，有字母或文字的一面朝上，如图 6-2 所示。
2）把地板垫平放在方向盘下方地板。

2. 技术要点

地板垫要完全贴合地板。

（二）安装换挡杆套

1. 操作步骤

1）把换挡杆套轻轻套入换挡杆，如图 6-3 所示。
2）把护套拉直套入位。

2. 技术要点

换挡杆套要完全安装到位、贴合。

图 6-2　安放地板垫

图 6-3　安装换挡杆套

（三）安装方向盘套

1. 操作步骤

1）安装方向盘套的上端，如图 6-4 所示。

图 6-4　安装方向盘套

2）把整个方向盘套入保套。

2. 技术要点

方向盘套要完全安装到位、贴合。

（四）安装座椅套

1. 操作步骤

1）双手捏住座椅套的边角。

2）把座椅套从座椅靠背上部套入并轻轻拉下。

3）按照座椅的形状将座椅套完整套入下端，并紧贴座椅，如图 6-5 所示。

图 6-5　安装座椅套

2. 技术要点

座椅套要完全安装到位、贴合，力度轻巧、合适。

任务二　发动机舱油液的检查

任务导入

　　一辆雪佛兰轿车进4S店进行40 000 km维护。发动机舱油液的检查或更换是其中一项检查项目，如果你是4S店的技术员，接车后你该做哪些准备、怎样做呢？

知识准备

一、检查目的

　　了解油液液位、质量，防止液位偏低或质量下降使发动机功率下降和加速车辆部件磨损。

二、作业内容

检查发动机机油、检查冷却液液面、检查喷洗液液面、检查制动液液面。

三、操作注意事项

1）三件套为易损件，安装时要防止撕破。

2）进入车辆前要安放好车轮挡块。

3）不要随意进入车内起动车辆。

4）不能随意按动举升机操纵开关。

5）油液不要与皮肤直接接触。

任务实施

一、准备工作

1）安放车轮挡块。

2）拉满驻车制动杆行程，如图6-6所示。

3）起动、预热发动机 2~3 min。

4）释放发动机舱释放杆，如图6-7、图6-8所示。

5）打开发动机舱盖，如图6-9、图6-10所示。

6）安放前格栅布、翼子板布，如图6-11、图6-12所示。

打开发动机机舱盖

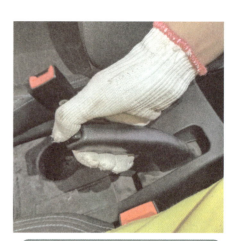

图6-6 拉满驻车制动杆行程

图6-7 发动机舱盖释放杆图标

图6-8 拉起发动机舱释放杆

图6-9 拨开机舱盖锁拉手

图6-10 掀起并用支撑杆支撑机舱盖

图 6-11 安放前格栅布

图 6-12 安放翼子板布

二、操作步骤

（一）检查发动机机油

1. 检查目的

防止发动机因缺油运转造成功率下降、机件损坏等故障。

2. 检查内容

油位和油质。

3. 操作步骤

1）拔出机油尺，将油尺用干净的抹布擦拭干净，如图 6-13 所示。

2）将油尺再次插入到机油导管中，并注意要放到底。

3）拔出油尺并使油尺与地面约成 45° 角，检查机油是否在 F—L 刻度线中间，如图 6-14 所示。不足则加到正常范围内。

图 6-13 拉出并擦干净油尺

图 6-14 检查油位

4）检查完毕将油尺插回发动机中。

4. 技术要求

机油油位应在油尺刻线 F—L 之间（最好在 F—L 中间偏上位置），如图 6-15 所示。

图 6-15 机油油尺

（二）检查冷却液

1. 检查目的

为确保有足够的冷却液，防止发动机运转时散热不良、过热、功率下降，甚至造成机件损坏（冷却液一般呈红色或绿色，不足应及时添加）。

2. 检查内容

液位和质量。

3. 操作步骤

1）用手轻轻拍动冷却液储液罐，如图 6-16 所示。

2）观察冷却液液位是否在 MAX—MIN 刻度线之间，不足应及时添加（应添加专用冷却液，特别是北方地区的车辆，否则会因冷却液结冰造成水管破裂及水箱损坏）。

检查冷却液液面

4. 技术要求

冷却液液位应在 MAX—MIN 刻度线之间（最好在中间偏上位置），如图 6-17 所示。

图 6-16 检查冷却液

图 6-17 冷却液液位刻度线

（三）检查制动液

1. 检查目的

为防止出现制动液减少使车辆制动效果下降，甚至制动失灵，造成车辆运行时存在安全隐患或产生安全事故（制动液颜色一般呈淡黄色，更换周期一般为两年或 40 000 km）。

2. 检查内容

液位和质量。

3. 操作步骤

1）用手轻轻拍动制动液储液罐。

2）观察制动液液位是否在 MAX—MIN 刻度线之间，不足应及时添加，如图 6-18、图 6-19 所示。

4. 技术要求

液位应在 MAX—MIN 刻度线之间（最好在中间偏上位置）。

图 6-18　检查制动液液位 1

图 6-19　检查制动液液位 2

（四）检查风窗喷洗液液位

1. 操作步骤

1）用手轻轻拍动储液罐。

2）观察喷洗液液位是否在刻度线之间，不足应及时添加，如图 6-20、图 6-21 所示。

2. 技术要求

液位应在刻度线之间位置，如液位偏低应立即补充。

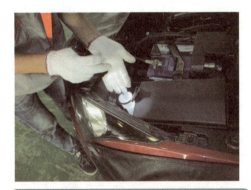

图 6-20　检查风窗喷洗液液位 1

图 6-21　检查风窗喷洗液液位 2

任务三　汽车车灯的检查

任务导入

一辆雪佛兰轿车进 4S 店进行 40 000 km 保养。车灯的检查是另一项检查项目，如果你是 4S 店的技术员，接车后你该做哪些准备、怎样做呢？

知识准备

一、检查目的

及时发现车灯故障或存在的隐患，确保行车安全。

二、作业内容

1）检查车辆前部车灯（示宽灯、远近光灯、闪光灯、转向灯、危险警告灯）。
2）检查车辆后部车灯（示宽灯、牌照灯、转向灯、危险警告灯、制动灯、倒车灯）。
3）检查车辆内部车灯（顶灯、仪表照明灯、开关照明灯、指示灯、仪表警告灯）。

三、操作注意事项

1）进入车辆前要安放好车轮挡块。
2）不要随意进入车内起动发动机。
3）不能随意按动举升机操纵开关。
4）要逐个挡位操纵开关，并避免粗暴操作。

任务实施

一、准备工作

安放车轮挡块、拉满驻车制动杆行程、换挡杆手柄置于 P 位置。

二、操作过程

（一）检查车辆前部车灯

1. 检查前示宽灯

（1）操作步骤

1）技师逆时针转动车灯操纵手柄，使挡位标记对齐示宽灯符号位置（如图 6-22 所示）并发出"检查示宽灯"的指示，同时自行检查仪表照明灯是否点亮正常。

2）助手在车外用手势配合，并发出"正常"或"不正常"提示。前示宽灯点亮如图 6-23 所示。

图 6-22 检查前示宽灯

图 6-23 前示宽灯点亮

（2）技术要求

前左、右示宽灯、仪表灯点亮正常。

2. 检查前照灯

（1）操作步骤

1）技师逆时针转动灯开关手柄，使挡位标记对齐变光符号位置（如图 6-24 所示），把开关轻轻往前（后）推（拉）动，并发出"检查远（近）光灯"的指示，同时自行检查远光指示灯是否点亮。

2）助手在车外手势配合，并发出"正常"或"不正常"提示。前照灯点亮如图 6-25 所示。

（2）技术要求

前左、右远近光灯、远光指示灯点亮正常。

图 6-24 检查前照灯

图 6-25 前照灯点亮

3. 检查闪光灯

（1）操作步骤

1）技师把车灯操纵手柄快速地轻轻往后拉、放，并发出"检查闪光灯"的指示。

2）助手在车外用手势配合，并发出"正常"或"不正常"提示。

（2）技术要求

前左、右闪光灯点亮正常。

4. 检查转向灯

（1）操作步骤

1）技师上、下方拨动转向开关，听到"咔嗒"声后停止拨动（如图 6-26 所示），并发出"检查左（右）转向灯"的指示，同时自行检查转向指示灯是否闪烁。

2）助手在车外用手势配合，并发出"正常"或"不正常"提示。前左转向灯点亮如图 6-27 所示。

图 6-26 检查转向灯

图 6-27 前左转向灯点亮

（2）技术要求

前左、右转向灯、指示灯闪烁正常。

5. 检查危险警告灯

（1）操作步骤

1）技师把危险警告灯按钮轻轻按到底（如图 6-28 所示），并发出"检查危险警告灯"的指示，同时自行检查危险警告灯指示灯是否点亮。

2）助手在车外用手势配合，并发出"正常"或"不正常"提示。前危险警告灯点亮如图 6-29 所示。

图 6-28　危险警告灯开关

图 6-29　前危险警告灯点亮

（2）技术要求

前左、右危险警告灯、指示灯闪烁正常。

（二）检查车辆后部车灯

1. 检查后示宽灯

（1）操作步骤

1）技师拨动车灯开关手柄（如图 6-30 所示）并发出"检查示宽灯""检查牌照灯"的指示。

2）助手在车外用手势配合并发出"正常"或"不正常"提示。后示宽灯点亮如图 6-31 所示。

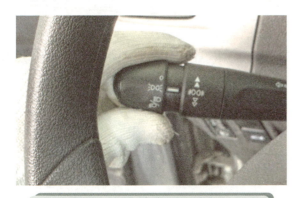

图 6-30　检查后示宽灯

图 6-31　后示宽灯点亮

（2）技术要求

后左、右示宽灯、牌照灯点亮正常。

2. 检查后转向灯

（1）操作步骤

1）技师往上、下方向轻轻拨动转向开关（如图 6-32 所示），听到"咔嗒"声后停止拨动，发出"检查左（右）转向灯"的指示。

2）助手在车外用用手势配合，并发出"正常"或"不正常"提示。后左转向灯点亮如图 6-33 所示。

图 6-32 检查后转向灯

图 6-33 后左转向灯点亮

（2）技术要求

后左、右转向灯、指示灯闪烁正常。在检查后左、右转向灯的时候，方向盘应往相反方向转动，以此来检查后转向灯开关的自动回位功能是否正常。

3. 检查危险警告灯

（1）操作步骤

1）技师把危险警告灯按钮轻轻按到底（如图 6-34 所示），并发出"检查危险警告灯"的指示。

2）助手在车外用手势配合，并发出"正常"或"不正常"提示。后危险警告灯点亮如图 6-35 所示。

（2）技术要求

后左、右危险警告灯、指示灯闪烁正常。

图 6-34　危险警告灯开关

图 6-35　后危险警告灯点亮

4. 检查转向开关自动回位功能

（1）操作步骤

1）上（下）转动转向开关。

2）顺（逆）时针转方向盘约 90°，把方向盘复位，转向开关应自动回到中间位置。

（2）技术要求

转向开关自动回位功能应正常有效。

5. 检查制动灯

（1）操作步骤

1）技师踩下制动踏板（如图 6-36 所示），并发出"检查制动灯"的指示。

2）助手在车外用手势配合并发出"正常"或"不正常"提示。制动灯点亮如图 6-37 所示。

图 6-36　检查制动灯

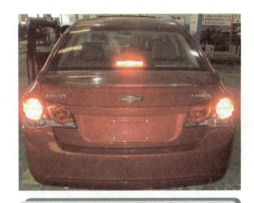

图 6-37　制动灯点亮

（2）技术要求

制动灯点亮正常。

6. 检查倒车灯

（1）操作步骤

1）技师把倒车操纵杆置于 R 位置（如图 6-38 所示），并发出"检查倒车灯"的指示。

2）助手在车外用手势配合并发出"正常"或"不正常"提示。倒车灯点亮如图 6-39 所示。

图 6-38　检查倒车灯

图 6-39　倒车灯点亮

（2）技术要求

倒车灯点亮正常。

（三）检查车辆内部车灯

1. 检查顶灯、门灯

（1）操作步骤

1）把顶灯开关按下，检查顶灯是否点亮，如图 6-40 所示。

2）把门灯开关按下并打开车门，检查门灯是否点亮，如图 6-41 所示。

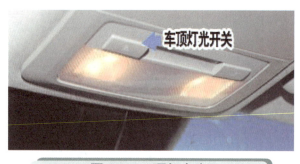

图 6-40　顶灯点亮

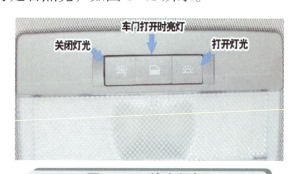

图 6-41　检查门灯

（2）技术要求

顶灯、门灯点亮正常。

2. 检查仪表灯、警告灯

（1）操作步骤

1）点火开关钥匙转到 ON 位置，再起动发动机。

2）打开车灯开关，再关闭车灯开关。

3）技师自行检查各种仪表灯、警告灯是否点亮和熄灭，如图 6-42 所示。

（2）技术要求

打开点火开关，各种仪表灯、警告灯应点亮；起动发动机后，各种仪表灯、警告灯应自行熄灭。打开车灯开关，仪表灯应点亮；关闭车灯开关，仪表灯应熄灭。

图 6-42　仪表灯、警告灯

任务四　玻璃喷洗器和雨刮器的检查

任务导入

一辆雪佛兰轿车进 4S 店进行 40 000 km 保养。玻璃喷洗器和雨刮器的检查是第三项检查项目，如果你是 4S 店的技术员，接车后你准备怎样做呢？

知识准备

一、检查目的

了解刮雨系统工作状况，发现并检修刮雨系统存在的故障或隐患，确保行车安全。

二、作业内容

1）检查喷洗器喷射压力、喷射位置及雨刮器协同工作情况。

2）检查雨刮器挡位工作性能。

3）检查雨刮器刮水效果。

4）检查雨刮器复位功能。

三、操作注意事项

1）维护前要安放好车轮挡块。

2）不要随意进入车内起动车辆。

3）不能随意按动举升机操纵开关。

4）要逐个、轻巧地操纵雨刮器开关。

5）打开雨刮器前要先打开喷洗器喷水清洗，并确认挡风玻璃无粗沙粒或其他杂物。

任务实施

一、雨刮器开关的认识

雨刮器开关如图6-43所示。

喷洗挡：开关拨到该挡，喷洗器喷水，雨刮器同时低速工作，清除挡风玻璃上细小的灰尘、积雪（该挡不能定位）。

间歇挡：开关拨到该挡，雨刮器间隔数秒低速工作。该挡一般在蒙蒙细雨天气使用。

低速挡：开关拨到该挡，雨刮器连续低速工作。该挡一般在中小雨天气使用。

图6-43 雨刮器开关

高速挡：开关拨到该挡，雨刮器连续高速工作。该挡一般在大雨、暴雨天气使用。

二、喷洗器和雨刮器的检查

（一）喷洗器喷洗压力及雨刮器协同工作情况的检查

1. 操作步骤

1）起动发动机。

2）把喷洗开关按箭头方向（朝向自己的方向）轻轻拨满行程后固定数秒，如图6-44

所示。

3）检查喷洗液是否喷射有力、喷射点是否在雨刮器工作范围内，雨刮器是否协同工作，如图 6-45 所示。

图 6-44　检查喷洗器

图 6-45　检查喷洗器喷射效果

2. 技术要求

喷洗液喷射有力、喷射点在雨刮器工作范围内，雨刮器协同工作。

（二）雨刮器挡位工作性能的检查

1. 操作步骤

1）起动发动机。

2）把雨刮器挡位开关往下拨，逐一对齐"间歇""低速""高速"挡。

3）检查雨刮器在不同挡位工作是否正常有效。

2. 技术要求

各挡位工作应正常有效，刮水电动机运转无异响，连杆连接可靠。

（三）雨刮器刮水效果的检查

1. 操作步骤

1）起动发动机。

2）雨刮器挡位开关往下拨，逐一对齐"间歇""低速""高速"挡。

3）检查雨刮器在不同挡位雨刮片刮水效果是否良好。

2. 技术要求

雨刮器工作时，挡风玻璃上应无残留条纹状或波纹状水痕。

（四）雨刮器复位功能的检查

1. 操作步骤

1）雨刮器挡位开关往上拨到"O"（关）位置。

2）检查雨刮器是否完全复位，如图6-46所示。

2. 技术要求

关闭雨刮器开关后，雨刮器应能完全回到挡风玻璃下边缘。

图6-46 雨刮器复位功能的检查

任务五 喇叭、方向盘的检查

任务导入

一辆雪佛兰轿车进4S店进行40 000 km保养。喇叭、方向盘的检查是第四项检查项目，如果你是4S店的技术员，接车后你该做哪些准备、怎样做呢？

知识准备

一、检查目的

了解喇叭、方向盘工作状况，发现喇叭、方向盘存在的故障或隐患并及时检修，保证喇叭、方向盘工作正常，确保行车安全。

二、作业内容

1）检查喇叭的音量、音调。

2）检查方向盘松动、摆动情况，如图6-47所示。

3）检查方向盘自由行程。

4）检查方向盘锁定功能。

图6-47 转动方向盘

三、操作注意事项

1）维护前要安放好车轮挡块。
2）不要随意进入车内起动发动机。
3）不能随意按压举升机操纵开关。

任务实施

一、喇叭的检查

（一）操作步骤

1）起动发动机。
2）在方向盘转动一周的同时按压喇叭按垫，如图6-48所示。
3）检查喇叭能否发出响声，音量和音调是否稳定合适。

（二）技术要求

喇叭音量、音调正常有效，符合规定。

图6-48 检查喇叭

二、方向盘的检查

（一）检查方向盘松动、摆动情况

1. 操作步骤

1）双手握住方向盘上下部位并轻轻地上下摇动，如图6-49所示。
2）双手握住方向盘左右部位，左右摆动方向盘，如图6-50所示。

图6-49 检查方向盘松动情况

图6-50 检查方向盘摆动情况

2. 技术要求

无异常松动、摆动情况。

（二）检查方向盘自由行程

1. 操作步骤

1）起动发动机，转动方向盘，摆正转向轮。

2）摆正方向盘，在方向盘上做一标记。

3）轻轻转动方向盘，转向轮即将开始动作时，测量标记的移动量，即为方向盘的自由行程，如图6-51所示。

图6-51 检查方向盘自由行程

2. 技术要求

自由行程需符合《维修手册》规定参数范围。

（三）检查方向盘锁定功能

1. 操作步骤

1）点火开关钥匙转到"ACC"位置，钥匙应无法取出，顺时针转动方向盘应无法锁定。

2）开关钥匙转到"OFF"位置，钥匙应可顺利取出，顺时针转动方向盘可以锁定方盘。

2. 技术要求

方向盘锁定功能正常有效。

任务六　驻车制动器和行车制动器的检查

任务导入

一辆雪佛兰轿车进4S店进行40 000 km保养。驻车制动器和行车制动器的检查是比较重要的检查项目，如果你是4S店的技术员，接车后你需要做哪些准备、怎样做呢？

知识准备

一、检查目的

了解驻车制动器和行车制动器工作状况，及时发现驻车制动器和行车制动器存在的故障或隐患并及时检修，确保行车安全。

二、作业内容

1）检查驻车制动器指示灯工作情况、操纵杆行程。
2）检查行车制动器、踏板高度、踏板自由行程、踏板行程余量、踏板使用状况。
3）检查制动助力器工作状况、气密性、真空功能。

三、操作注意事项

1）维护前要安放好车轮挡块。
2）不要随意进入车内起动车辆。
3）不能随意按动举升机操纵开关。
4）进入车内起动车辆时需注意放驻车挡。

任务实施

一、检查驻车制动器的指示灯

（一）操作步骤

1）把点火开关置于"ON"位置。
2）拉起驻车制动杆到达第一个槽口（锁止齿响第一声）。

（二）技术要求

锁止齿响第一声时，指示灯应点亮，如图 6-52 所示。

图 6-52 驻车指示灯点亮

二、检查驻车制动器的自由行程

（一）操作步骤

1）拉满驻车制动杆行程。

2）听锁止齿轮响声。

（二）技术要求

应发出 6~9 响的响声，否则应调整制动杆行程，或检修后制动器。

三、检查行车制动器踏板使用状况

（一）操作步骤

1）起动发动机。

2）踩下再松开行车制动器踏板数次，检查踏板是否能踩下和正常复位，是否灵敏，是否过度松动、有异响，如图 6-53 所示。

（二）技术要求

踏板能完全踩下和正常复位，反应灵敏，无过度松动和异响。

图 6-53 检查踏板使用状况

四、检查制动器踏板高度

（一）操作步骤

1）起动并运转发动机。

2）踩、松踏板数次。

3）移开地毯，取钢尺垂直于踏板踩踏面测量踏板与地板之间的距离，即为踏板的高度。

（二）技术要求

踏板高度要符合标准，不合适的应调整踏板连杆上的调节装置。

五、检查制动器踏板行程余量

（一）操作步骤

1）移开车内地毯，在发动机运转和松开驻车制动器状态下，把踏板踩到底。

2）取钢尺垂直于踏板踩踏面测量踏板与地板之间的距离，即为踏板的行程余量。

（二）技术要求

踏板行程余量要符合标准，不合适的应调整踏板连杆上的调节装置。

六、检查制动器踏板自由行程

（一）操作步骤

1）关闭点火开关，让发动机熄火停机后，踩下制动踏板 30~40 次，解除制动助力器工作状态。

2）用手指轻轻按压制动踏板，同时用钢尺测量踏板的移动量，即为踏板自由行程，如图 6-54 所示。

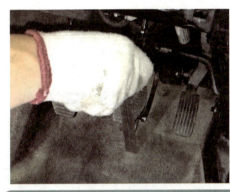

图 6-54 检查制动器踏板自由行程

（二）技术要求

踏板自由行程要符合标准，不合适的应调整踏板连杆上的调节装置。

七、检查制动助力器工作情况

（一）操作步骤

1）关闭点火开关。

2）把制动踏板踩到底后，起动发动机。此时，踏板应自动下沉一定的行程。

（二）技术要求

起动发动机后踏板要下沉。

八、检查制动助力器气密性

（一）操作步骤

1）起动发动机，让发动机运转 1~2 min 后停机。

2）踩压制动踏板 3~4 次，检查每次踩压后踏板返回的高度是否越来越大。

（二）技术要求

每次踩压后踏板返回的高度应越来越大。

九、检查制动助力器真空功能

（一）操作步骤

1）起动发动机后，把制动踏板踩到底。

2）关点火开关让发动机熄火，保持大约 30 s 后，检查踏板的高度是否产生变化。

（二）技术要求

高度不变。

任务七　汽车车身内、外部件的检查

任务导入

一辆雪佛兰轿车进 4S 店进行 40 000 km 保养。车身内、外部件的检查是其中第六项检查项目，如果你是 4S 店的技术员，接车后你该做哪些准备、怎样做呢？

知识准备

一、检查目的

了解车身部件工作状况，发现车身各部件存在的故障或隐患，以便及时保养检修，使车辆保持良好的车况，确保行车安全。

二、作业内容

1）检查座椅的紧固状况。
2）检查安全带状况。
3）检查车门铰链。
4）检查油箱盖。
5）检查行李箱盖。
6）检查车灯总成。
7）检查悬架。
8）检查车身倾斜。
9）检查空调滤清器滤芯。
10）检查发动机舱盖螺栓。
11）打开机油加注孔盖。

三、操作注意事项

1）维护前要安放好车轮挡块。
2）不要随意进入车内起动车辆。
3）不能随意按动举升机操纵开关。

任务实施

一、准备工作

1）拉起油箱盖释放杆，如图6-55（a）所示。
2）按下行李箱盖开关，如图6-55（b）所示。
3）拉起发动机舱盖释放杆。
4）按下电动窗按钮，降下车窗玻璃。
5）释放驻车制动杆。
6）换挡杆置于N（空挡）。
7）充足轮胎气压。

(a)   (b)

图6-55 油箱盖释放杆、行李箱盖开关
（a）油箱盖释放杆；（b）行李箱盖开关

二、操作过程

（一）检查座椅的螺栓紧固状况

1. 操作步骤

1）抓住座椅侧面边缘。

2）往两侧前门方向推拉座椅，如图6-56所示。

2. 技术要求

螺栓紧固正常，无异常松动，如图6-57所示。

图6-56 检查座椅

图6-57 座椅螺栓

（二）检查安全带状况（前、后安全带检查方法相同）

1. 操作步骤

1）拉出安全带，检查肩带和跨带两边表面是否有损坏、刮痕，如图6-58所示。

2）按下肩带导向器按钮，检查导向器上下移动是否灵活。

3）快速拉、放肩带，检查肩带安全锁定功能是否正常有效。

4）把安全带的带扣插进扣环，往上拉动安全带，检查扣环的锁止功能是否正常，如图6-59所示。

安全带扣锁止性能检查

图6-58 检查安全带的肩带

图6-59 检查带扣、扣环锁止性能

2. 技术要求

安全带表面无损伤、无刮痕；导向器、扣环的锁止功能正常有效。

（三）检查车门铰链的紧固状况（四门相同）

1. 操作步骤

1）抓住车门侧面边缘上下拉动车门，检查车门有无异常松动，如图 6-60 所示。
2）轻轻开、关车门，检查车门转动是否灵活、无阻滞。

2. 技术要求

车门螺栓紧固正常，铰链灵活、无异响。

（四）检查门灯开关

1. 操作步骤

1）在车外轻轻打开车门，观察门控灯是否点亮，如图 6-61 所示。
2）关闭车门，检查门灯指示灯（仪表上）是否熄灭。

图 6-60　车门铰链的检查

图 6-61　门灯指示灯点亮

2. 技术要求

打开车门门控灯、指示灯应点亮；关闭车门门控灯、指示灯应熄灭。

（五）检查车门儿童安全锁（后车门）

1. 操作步骤

1）把儿童安全锁往下拨到底，如图 6-62、图 6-63 所示。
2）关上车门，检查能否从车内打开车门。

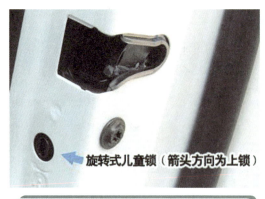
图 6-62 顺转锁芯打开儿童安全锁

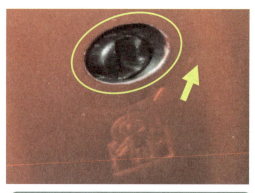
图 6-63 逆转锁芯锁止儿童安全锁

2. 技术要求

锁止儿童安全锁后，不能从车内打开后车门。

（六）检查燃油油箱盖

1. 操作步骤

（1）检查密封垫、真空阀

1）拆下油箱盖，如图 6-64 所示。

2）观察油箱盖 O 型橡胶垫是否变形、凹陷、损伤；真空阀是否黏结，如图 6-65 所示。

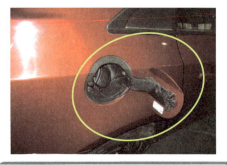
图 6-64 检查油箱盖附件

图 6-65 油箱盖 O 型橡胶垫检查

（2）检查扭矩限制器工作情况

1）装上油箱盖。

2）上紧油箱盖，应发出"咔嗒"声并能自由转动。

（3）检查附件

油箱盖能够被正确上紧。

2. 技术要求

O 型橡胶垫无变形、凹陷、损伤；扭矩限制器工作正常有效。

（七）检查悬架（前、后悬架检查方法相同）

1. 减震器缓冲力的检查

（1）操作步骤

1）双手按压汽车后部。

2）上下按压再松开车身，确定减震器缓冲力的大小，检查车身停止摇动要多长时间，如图 6-66 所示。

（2）技术要求

减震器缓冲力应平缓有效。

2. 车身倾斜检查（前、后车身检查方法相同）

（1）操作方法

目测车辆是否倾斜，如图 6-67 所示。车身有倾斜的应检查轮胎气压、车辆负荷分配。

图 6-66　检查减震力

图 6-67　检查车辆倾斜

（2）技术要求

车身无倾斜现象。

（八）检查车灯总成

1. 操作步骤

1）目测车灯灯罩表面是否有脏污、损坏，如图 6-68 所示。

2）用手轻轻上下或左右推动灯罩，检查车灯总成是否松动。

3）目测灯罩内是否有积水，如图 6-69 所示。

2. 技术要求

车灯表面无刮痕、无损伤、无脏污，总成无异常松动，内部无积水。

检查车灯总成

图6-68 检查车灯总成

图6-69 检查灯罩内是否有积水

（九）检查备用轮胎

1）检查气压应符合规定值，如图6-70、图6-71所示。

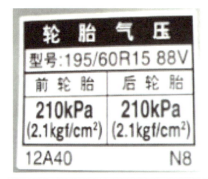

图6-70 轮胎标准胎压

图6-71 检查胎压

2）在气门、钢圈与胎边结合面、胎面等部位周围涂抹肥皂水，检查轮胎有无漏气。

3）轮胎胎纹深度的检查

①操作步骤。

A.用钢尺测量轮胎花纹深度。

B.用轮胎深度规测量轮胎花纹深度，如图6-72所示。

C.观察轮胎磨损标记，如图6-73所示。

②技术要求：轮胎花纹深度应大于1.6 mm，磨损标记与胎面齐平应更换轮胎。

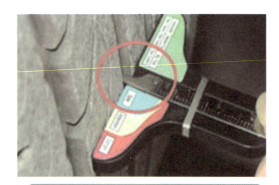

图6-72 测量轮胎胎纹深度

图6-73 观察轮胎磨损标记

4）轮胎异常磨损的检查，如图6-74、图6-75所示。

①操作步骤。

A. 转动车轮。

B. 观察车胎整个外围，检查是否有双肩磨损、中间磨损、单肩磨损、跟部磨损。

②技术要求：车胎不应出现双肩磨损、中间磨损、单肩磨损、跟部磨损。

图6-74 轮胎异常磨损检查

图6-75 异常磨损的轮胎

5）钢圈的检查。

①操作步骤。

A. 观察钢圈是否损坏、变形，如图6-76所示。

B. 用动平衡机检查是否跳动，如图6-77所示。

②技术要求：钢圈无损坏、变形、生锈、跳动现象。

图6-76 检查钢圈

图6-77 动平衡机检查

（十）检查空调空气滤清器滤芯

1. 操作方法

拆下滤芯，观察表面有无灰尘，如图6-78、图6-79所示。

图6-78 拆空调滤清器壳

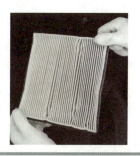

图6-79 检查空调滤清器芯

2. 技术要求

应清洁干净。

（十一）检查行李箱盖、发动机舱盖

1. 操作方法

摇动行李箱盖、发动机舱盖连接杆，如图6-80、图6-81所示。

2. 技术要求

行李箱盖、发动机舱盖螺栓无异常松动。

图6-80 检查行李箱盖

图6-81 检查发动机舱盖

检查发动机机舱盖

（十二）打开机油加注口

用干净软布盖住加注口，为排放机油做准备。

任务八 汽车底部油液泄漏情况的检查

> **任务导入** →
>
> 一辆雪佛兰轿车进4S店进行40 000 km保养。汽车底部油液泄漏情况的检查是其中第七项检查项目，如果你是4S店的技术员，接车后你该做哪些准备、怎样做呢？

知识准备

一、检查目的

了解车辆底盘油液是否存在泄漏,以便对车辆进行保养与检修,使车辆保持良好的车况,防止汽车部件产生早期损坏,确保行车安全。

二、作业内容

1)检查发动机油底壳及排放螺塞、手动变速器油底壳及排放塞是否泄漏。
2)排放发动机机油及自动变速器驱动桥油。
3)检查冷却液、喷洗液、制动液、燃油、转向助力液是否泄漏。

三、操作注意事项

1)不能随意按动举升机操纵开关。
2)机油回收桶放合适位置,避免机油溅出。
3)机油不要接触皮肤。
4)拆卸机油排放塞要掌握相关技巧。
5)安装机油滤清器时要在密封圈涂抹新机油。

任务实施

一、准备工作

1)准备抹布4块,机油回收桶(机)、机油滤清器各1个,机油滤清器专用扳手、世达组合工具各1套。
2)升起车辆,并将机油回收桶推至车辆油底壳下方,调节机油回收桶接油盘至合适高度。

二、操作过程

（一）检查发动机和自动变速器油底壳、排放塞、油封

1. 操作方法

观察油底壳、排放塞、油封接触面是否有油液渗漏，如图6-82、图6-83所示。

图6-82 检查机油油底壳、排油螺塞1

图6-83 检查变速器油底壳、排油螺塞2

2. 技术要求

油底壳、排放塞等应密封良好。

（二）排放发动机机油、自动变速器油

1. 操作步骤

1）用扳手或套筒拧松排放塞，如图6-84所示。

2）取下排放塞让机油排入机油回收桶，如图6-85所示。

3）排油完毕，更换排放塞垫片，然后以38 N·m扭矩拧紧螺塞即可。

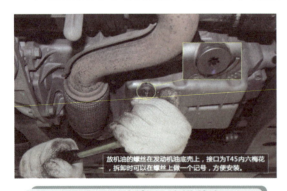

图6-84 拆卸机油排放塞

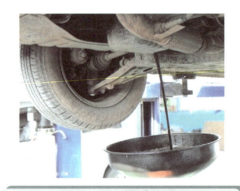

图6-85 排放机油

2. 技术要求

1）选用合适的工具进行拆卸，接油漏斗不可升起过低，防止机油溅出。

2）更换机油时，排放塞的垫片也要一起更换（为提高效率，在排放机油的同时，可进行其他项目的检查）。

（三）检查制动软管、制动卡钳、排气螺塞是否有油液渗漏现象

1. 操作步骤

目视制动软管接口、制动卡钳、排气螺塞有无油液渗漏，如图6-86所示。

2. 技术要求

制动软管接口、制动卡钳、排气螺塞无油液渗漏。

（四）燃油和制动液管路、燃油箱

1. 操作步骤

目视燃油和制动液管路、燃箱的表面，如图6-87所示。

图6-86 检查制动软管、制动卡钳、排气螺塞

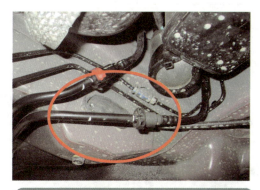

图6-87 检查燃油和制动液管路

2. 技术要求

管路的表面、油箱无渗漏。

（五）检查减震器是否有油液渗漏现象

1. 操作步骤

目视减震器、转向机表面有无渗漏的油迹，如图6-88所示。

2. 技术要求

减震器、转向机无渗漏现象。

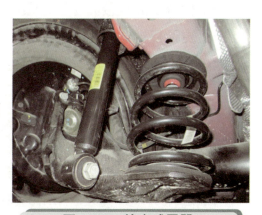

图6-88 检查减震器

任务九 汽车底部安装件及螺母、螺栓紧固情况的检查

任务导入

一辆雪佛兰轿车进 4S 店进行 40 000 km 保养。汽车底部安装件及螺母、螺栓紧固情况的检查是其中第八项检查项目,如果你是 4S 店的技术员,接车后你该做哪些准备、怎样做呢?

知识准备

一、检查目的

了解车辆底部部件安装、紧固情况,以便对车辆进行保养与检修,使车辆保持良好的车况,确保行车安全。

二、作业内容

1)检查驱动轴护套、转向连接机构、制动管路、燃油管路、排气管及安装件、悬架。

2)检查底盘连接的螺栓、螺母。

3)更换机油滤清器。

4)更换机油排放塞垫片、安装机油排放塞。

三、操作注意事项

1)扭矩扳手为精密仪器,要注意轻拿轻放,避免粗暴操作。

2)选择工具要合适,操作正确规范。

3)工具使用完毕,应及时清洁并摆放整齐。

4)不能随意按动举升机操纵开关。

任务实施

一、准备工作

1）准备《维修手册》。

2）选择合适的套筒、接杆安装到扭矩扳手上,并调节至相应扭矩后锁止。

二、操作步骤

(一)检查驱动轴护套、转向连接机构、制动管路、燃油管路、排气管及安装件、悬架

1. 检查驱动轴护套、卡箍、润滑脂

(1)操作方法

把轮胎转向一侧,观察护套、卡箍外围,如图 6-89 所示。

图 6-89 检查驱动轴护、卡箍

(2)技术要求

护套无裂纹及其他损坏;卡箍安装正确、无损坏;无润滑脂泄漏。

(二)检查转向连接机构

1. 松动和摇动检查

(1)操作方法

用手晃动左右转向横拉杆,如图 6-90 所示。

(2)技术要求

应无松动、无摆动。

2. 弯曲和损坏检查

(1)操作方法

观察左右转向连接机构,如图 6-91 所示。

(2)技术要求

应无弯曲、无损坏。

图 6-90 转向横拉杆连接杆

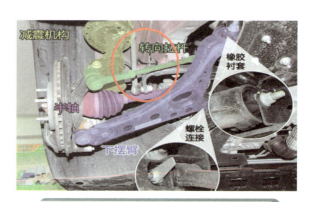

图 6-91 检查转向连接机构

（三）检查前、后制动软管

1. 操作方法

把前转向轮转到最大角度，观察前制动软管；后制动软管直接观察，如图 6-92 所示。

2. 技术要求

制动软管不与车轮触碰。

（四）检查燃油管路、制动管路

观察燃油管路、制动管路，应无扭曲、凹瘪，如图 6-93 所示。

图 6-92 检查制动软管

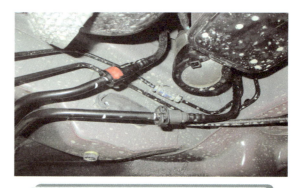

图 6-93 检查燃油管路、制动管路

（五）检查排气管接头、吊耳、消声器

1. 操作方法

观察排气管接头、吊耳、消声器，如图 6-94、图 6-95 所示。

2. 技术要求

接头应无黑色废气泄露痕迹；吊耳、消声器无松脱、损坏。

图 6-94 检查排气管接头

图 6-95 检查排气管吊耳

（六）检查悬架（前、后悬架检查方法、技术要求相同）

1. 损坏情况检查

（1）操作方法

观察转向节、减震器、螺旋弹簧、稳定杆、下臂等组件，如图 6-96 所示。

（2）技术要求

悬架各组件应无弯曲、变形、裂纹等损坏现象。

2. 减震器检查

观察减震器上有无油液渗漏痕迹。

3. 连接摆动检查

（1）操作方法

用手上下摇晃稳定杆、横拉杆连接；观察衬套外围，如图 6-97 所示。

（2）技术要求

稳定杆、横拉杆连接无异常松动，无损坏；衬套无裂纹、损坏。

图 6-96 检查减震器、弹簧

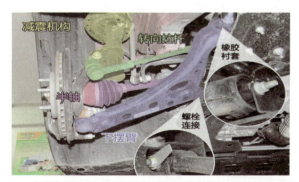
图 6-97 下臂、稳定杆、转向横拉杆

（七）检查底盘连接的螺栓、螺母

1. 检查内容

1）中间梁 × 车身。
2）下臂 × 横梁。
3）球节 × 下臂。
4）横梁 × 车身。
5）下臂 × 横梁。
6）中间梁 × 横梁。
7）盘式制动器扭矩板 × 转向节。
8）球节 × 转向节。
9）减震器 × 转向节。
10）稳定杆连接杆 × 减震器。
11）稳定杆 × 稳定杆连接杆。
12）转向机外壳 × 横梁。
13）稳定杆 × 车身。
14）横拉杆端头锁止螺母。
15）横拉杆端头 × 转向节。
16）拖臂和桥梁 × 车身。
17）拖臂和桥梁 × 后轮毂。
18）制动分泵 × 背板。
19）稳定杆 × 拖臂和桥梁。
20）减震器 × 拖臂和桥梁。
21）减震器 × 车身。

2. 操作步骤

1）选择合适的工具。
2）把扭矩扳手调到合适范围。
3）按紧固的方向拉动扳手，检查车底各连接件螺栓、螺母是否松动，紧固扭矩是否在规定范围，如图6-98~图6-100所示。

图6-98 检查底盘螺栓、螺母扭矩

图 6-99　检查底盘部件连接螺栓、螺母 1

图 6-100　检查底盘部件连接螺栓、螺母 2

3. 技术要求

各连接件螺栓、螺母应无松动,紧固扭矩应在《维修手册》规定范围。

(八)更换机油滤清器

1. 操作步骤

1)用机油滤清器专用扳手拆下机油滤清器并放入垃圾回收桶,如图 6-101、图 6-102 所示。

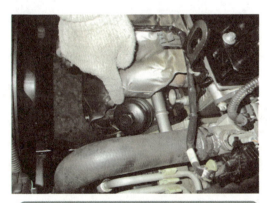
图 6-101　机油滤清器

图 6-102　拆卸机油滤清器

2)把机油滤清器安装面擦拭干净。

3)拆下新机油滤清器的塑料包装膜,在机油滤清器的橡胶密封圈上均匀地抹上干净的新机油。

4)把新机油滤清器装到安装座,先用手把机油滤清器拧到橡胶垫刚好贴合滤清器的安装端面后,用专用工具拧紧 3/4 圈即可。

2. 技术要求

拧紧机油滤清器不能超过规定的旋紧圈数,否则会损坏密封圈,造成机油泄漏。

（九）更换垫片

更换机油排放螺塞垫片、手动变速器油排放螺塞垫片，安装机油排放螺塞、手动变速器油排放螺塞，并按规定的扭矩紧固即可。

任务十　车轮轴承的检查及车轮的拆卸与检查

任务导入

一辆雪佛兰轿车进 4S 店进行 40 000 km 保养。车轮轴承的检查及车轮的拆卸与检查的检查是其中第九项检查项目，如果你是 4S 店的技术员，接车后你该做哪些准备、怎样做呢？

知识准备

一、检查目的

了解车轮轴承及车轮的使用状况，及时发现车轮轴承及车轮存在的故障或隐患，以便及时检修，确保行车安全。

二、作业内容

1）车轮轴承摆动及异响的检查。
2）车轮的拆卸。
3）车轮的检查。

三、操作注意事项

1）使用气动扳手时，要注意挡位的选择并确保套筒安装牢固。
2）检查气动扳手旋转方向或转速时，气动扳手中不能装有套筒。

3）拆装车轮时，要按规定的扭矩拆装车轮的螺栓、螺母。

4）不能随意按动举升机操纵开关。

任务实施

一、准备工作

1）把车辆升起到轮胎中心与胸口平齐的位置，并锁止举升机。

2）把气动扳手挡位调整合适（一般选用2挡或3挡），选择合适的冲击套筒及延伸杆装入扳手中，并接上空压机气管。

3）换挡杆置于N位置，释放驻车制动器。

二、操作步骤

（一）车轮轴承摆动的检查

1. 操作方法

两手分别放在轮胎的上下，用力前后推拉车轮，检查轴承有无松动，如图6-103所示。

2. 技术要求

轴承应无异常松动现象。

图6-103 检查车轮轴承

（二）转动状况和噪声检查

1. 操作方法

用手转动车轮，观察车轮是否平稳转动，倾听有无异响。

2. 技术要求

车轮转动时应平稳、无异响。

（三）拆卸车轮

1. 操作步骤

1）把气动扳手调整至2挡（或3挡），检查旋转方向，如图6-104所示。

2）按三角形的方向对角分两次拧松车轮锁紧螺母，分别拆卸前后、左右 4 个车轮，如图 6-105 所示。

图 6-104 调整档位

图 6-105 拆卸车轮锁止螺母

2. 技术要求

1）按三角形的方向对角拧松车轮锁紧螺母，扳手的挡位不应选择太高。

2）不应把五颗锁止螺母一次性松完取出，应有一颗只松 1/3 圈留在最后，用手固定车轮后再全部拧松取下，防止车轮滑落。

3）拆下的螺母、轮胎应按顺序摆放整齐，如图 6-106 所示。

图 6-106 摆放车轮

（四）检查车轮

图 6-107 检查车轮

1. 检查内容

1）气压检查、漏气检查、钢圈是否变形或损坏检查、轮胎磨损检查、轮胎异物嵌入检查。

2 检查气压、漏气、钢圈是否变形或损坏、轮胎磨损方法与备用轮胎的检查相同。

3）技术要求与备用轮胎的技术要求相同。

4）轮胎异物嵌入检查，如图 6-107 所示。

2. 操作方法

转动轮胎，观察胎槽内有无石头、玻璃等嵌入物或刺入铁钉等。

3. 技术要求

胎槽内应无石头、玻璃等嵌入物或刺入铁钉等。

任务十一　盘式制动器的拆卸与检查

任务导入

一辆雪佛兰轿车进 4S 店进行 40 000 km 保养。盘式制动器的拆卸与检查是其中第十项检查项目,如果你是 4S 店的技术员,接车后你该做哪些准备、怎样做呢?

知识准备

一、检查目的

了解盘式制动器使用状况,及时发现盘式制动器存在的故障或隐患,以便及时检修,确保行车安全。

二、作业内容

1)制动卡钳、制动片的拆卸。
2)制动卡钳、制动片、制动盘的检查。

三、操作注意事项

1)使用气动扳手时,要注意挡位的选择并确保套筒安装牢固。
2)检查气动扳手旋转方向或转速时,气动扳手中不能装入套筒。
3)不能随意按动举升机操纵开关。

任务实施

一、制动卡钳、制动片的拆卸

（一）操作步骤

1）选择合适的工具把卡钳紧固螺栓拧松取下，如图 6-108 所示。

2）卸下制动卡钳用铁钩挂在减震弹簧上。

3）取下制动片，用干净软布把制动片和制动盘擦拭干净。

图 6-108　拆卸制动卡钳

（二）技术要求

不要将软管从制动卡钳上拆卸下来。

二、制动卡钳的检查

（一）操作方法

目视制动活塞有无油液渗漏。

（二）技术要求

制动活塞无油液渗漏现象。

三、制动片的检查

（一）操作步骤

1）目视制动片是否磨损均匀、磨损过度。

2）用钢尺分 3 个点测量制动片厚度，如图 6-109~图 6-111 所示。

（二）技术要求

测量参数符合《维修手册》规定。

图 6-109　测量制动片（点1）

图 6-110 测量制动片（点 2）

图 6-111 测量制动片（点 3）

四、制动转子盘的检查与测量

（一）表面刮痕、损伤检查

1. 操作方法

目视制动转子盘有无刮痕、损伤。

2. 技术要求

制动转子盘表面无刮痕、损伤。

（二）制动转子盘的测量

1. 厚度测量

（1）操作步骤

1）选择合适的外径千分尺并进行校零。

2）在离转子盘边缘 10 mm 处，相隔约 60° 选择 3 个测量点。

3）把制动转子盘擦拭干净后，放入千分尺并旋转棘轮盘使测量砧贴合制动转子盘，棘轮响 3 声即可，如图 6-112、图 6-113 所示。

图 6-112 千分尺测转子盘厚度

图 6-113 测量制动转子盘厚度

4）锁紧锁止装置，读出刻度盘读数即可。比较3次测量数值检查磨损是否均匀。

（2）技术要求

制动转子盘磨损量不应大于2 mm。

2. 制动转子盘径向跳动量的测量

（1）操作步骤

1）选择合适的百分表，并把百分表预紧后安装到安装架上。

2）把百分表安装架固定在制动转子盘上方悬架处，如图6-114所示。

3）把百分表测量杆压在制动转子盘上进行预紧并校零，如图6-115所示。

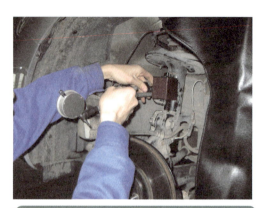

图6-114　安装百分表及固定架

4）转动制动转子盘，读出百分表指针移动的小格数，即为制动转子盘的径向跳动量，如图6-116所示。

图6-115　调整百分表

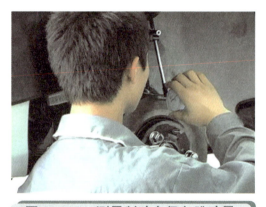

图6-116　测量制动盘径向跳动量

（2）技术要求

测量参数符合《维修手册》规定（径向跳动量极限小于0.05 mm.）。

五、制动器的安装

（一）操作方法

按与拆卸时相反的顺序安装制动片、制动卡钳。

（二）技术要求

部件的安装要正确、到位，紧固螺栓扭矩符合《维修手册》规定值。

任务十二 制动拖滞的检查及车轮的安装

任务导入

一辆雪佛兰轿车进4S店进行40 000 km保养。制动拖滞的检查及车轮的安装是其中第十一个项目,如果你是4S店的技术员,接车后你该做哪些准备、怎样做呢?

知识准备

一、检查目的

了解盘式制动器安装情况,及时发现盘式制动器存在的隐患,以便及时检修,确保行车安全。

二、作业内容

1)检查制动器是否拖滞。
2)安装车轮。

三、操作注意事项

1)使用气动扳手时,要注意挡位的选择并确保套筒安装牢固。
2)检查气动扳手旋转方向或转速时,气动扳手中不能装有套筒。
3)不能随意按动举升机操纵开关。
4)检查制动器拖滞要临时安装螺母对制动盘进行紧固。

任务实施

一、检查制动器是否拖滞

（一）操作方法

顺时针或逆时针转动制动转子盘，检查制动转子盘有无拖滞现象，如图6-117、图6-118所示。

图6-117 制动器拖滞检查1

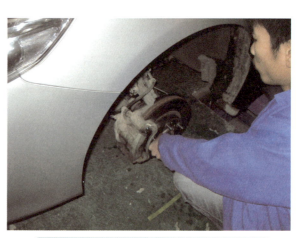

图6-118 制动器拖滞检查2

（二）技术要求

制动转子盘转动平稳、无拖滞现象。

二、安装车轮

（一）操作方法

双手抱住车轮下部，将轮胎装到轮毂上，一手按住轮胎，另一手将轮胎螺母安装到螺栓上，对螺母进行初步预紧。

（二）技术要求

要对角分两次预紧车轮轮毂螺母。

任务十三 发动机起动前的检查

任务导入

一辆雪佛兰轿车进 4S 店进行 40 000 km 保养。发动机起动前的检查是其中第十二项检查项目,如果你是 4S 店的技术员,接车后你该做哪些准备、怎样做呢?

知识准备

一、检查目的

了解发动机机舱部件状况,发现发动机机舱部件状况存在的故障或隐患,便于及时检修,确保行车安全。

二、作业内容

1)加注机油。
2)检查更换空气滤清器。
3)检查蓄电池。
4)检查水箱盖。
5)检查火花塞。
6)检查转向助力液。

三、操作注意事项

1)正确使用工具、量具。
2)机油沾到皮肤上应立即清洗。
3)不可随意起动发动机,起动发动机时要把换挡杆置于 P 或 N 位置。
4)不能随意按动举升机操纵开关。

任务实施

一、准备工作

1）降下车辆，待车辆完全接触地面后，安放车轮挡块。

2）拉满驻车制动杆行程，把换挡杆置于 P 或 N 位置。

3）拉起发动机舱盖释放杆，打开并支撑稳固发动机舱盖。

4）安放前格栅布、翼子板布。

二、操作步骤

（一）加注机油

1. 操作方法

加注机油的方法如图 6-119 所示。

2. 技术要求

按《维修手册》规定的加注量和加注牌号加注机油。

图 6-119 加注机油

（二）检查、更换空气滤清器滤芯

1. 检查、清洁滤芯、滤清器盖

（1）操作步骤

1）打开空气滤清器外壳。

2）取出滤芯进行观察，检查滤芯是否有灰尘、积聚微粒或者破裂。

3）检查滤清器盖内是否有污物。

4）灰尘较少的用压缩空气由内往外向滤芯吹喷，清除滤芯表面灰尘及脏污物，如图 6-120 所示，并清除滤清器盖内脏污物。灰尘较多的则更换滤芯。

（2）技术要求

滤芯、滤清器盖干净、无破损。

图 6-120 清洗滤芯

2. 检查、安装空气滤清器

（1）操作方法

检查空气滤清器滤芯上的橡胶密封情况，确保其没有裂纹或其他损坏后，装入滤芯，盖上盖子并把锁扣扣好即可，如图6-121、图6-122所示。

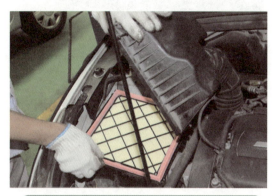

图6-121 拆卸空气滤清器滤芯

图6-122 安装空气滤清器滤芯

（2）技术要求

橡胶密封良好、无裂缝、锁扣锁止牢固。

（三）检查蓄电池

1. 检查内容

极柱是否氧化、断裂；电缆桩头是否氧化生锈、松动；端盖及外壳是否鼓胀、裂纹；电量是否充足。

2. 操作步骤

1）目视极桩、电缆、端盖、外壳有无氧化、断裂、生锈、裂纹情况，如图6-123所示。

2）目视加液孔盖透气孔是否堵塞、加液孔盖是否损坏。

3）摇动极桩检查极桩是否松动。

4）测量蓄电池电压。打开数字万用表电源开关，将万用表量程调到直流电压挡50 V量程，红表笔接蓄电池"+"极，黑表笔接"-"极，读出显示屏读数，即为蓄电池电压。

图6-123 检查蓄电池

3. 技术要求

极柱无氧化、无断裂，电缆桩头无氧化、无生锈和松动，端盖及外壳无鼓胀、无裂纹现象；电量应充足。

（四）检查水箱盖

1. 操作步骤

1）观察水箱盖橡胶垫是否变形、损坏，如图6-124所示。

2）按压水箱盖压力阀，检查弹力是否充足。

图6-124　检查水箱盖橡胶垫、压力阀

2. 技术要求

橡胶垫无变形、损坏，压力阀弹力正常。

（五）检查火花塞

1. 检查内容

检查裙部陶瓷、电极颜色、跳火情况、电极间隙。

2. 操作步骤

1）观察火花塞裙部陶瓷是否断裂，中心电极、侧电极是否积碳，电极颜色是否正常，如图6-125所示。

2）把火花塞装入火花塞帽后搭铁，起动发动机对火花塞进行跳火试验，观察火花塞跳火情况。

3）用塞尺测量中心电极与侧电极间隙。

图6-125　检查火花塞

3. 技术要求

陶瓷无断裂，电极无积碳，电极颜色呈正常的褐色，电极火花呈蓝色，火花集中、连续。

（六）检查转向助力液

1. 检查内容

检查液位和渗漏情况。

2. 操作步骤

1)液位检查。

①发动机未起动状态下,检查转向助力液液位。

②起动发动机,并使发动机怠速运转。

③车辆保持不动,左右转动方向盘,让转向轮转到最大角度,使转向助力液温度上升到40~80 ℃,再把方向盘转到中间位置。

④检查助力液液位,对比发动机起动前和发动机起动后并怠速运转时液面的高度差,如图6-126所示。

图6-126 检查冷机、热机时转向液液位

2)观察转向液储液罐和连接管路有无渗漏现象,油液颜色是否浑浊。

3. 技术要求

转向液液位应在规定范围内,冷机与热机时的液位连接管路无渗漏现象。

任务十四 起动发动机及暖机过程、暖机后的检查

任务导入

一辆雪佛兰轿车进4S店进行40 000 km保养。起动发动机及暖机过程、暖机后的检查是其中第十三项检查项目,如果你是4S店的技术员,接车后你该做哪些准备、怎样做呢?

知识准备

一、作业内容

1)紧固车辆轮毂螺母。

2)检查PCV阀及其连接软管。

3）检查冷却系软管及冷却液液位。

4）检查空调制冷剂量。

5）检查更换自动变速器油。

二、操作注意事项

1）正确使用工具。

2）不可随意起动发动机，起动发动机时要把换挡杆置于P或N位置。

3）不能随意按动举升机操纵开关。

任务实施

一、紧固车辆轮毂螺母

（一）操作步骤

1）选择合适的套筒和延伸杆装入扭矩扳手，如图6-127所示。

2）把扭矩扳手调到《维修手册》规定扭矩的1/2，并按对角的顺序对轮毂螺母进行第一次紧固（用刻度盘式扭矩扳手或预置式扭矩扳手均可）。

3）把扭矩扳手调到《维修手册》规定的扭矩，并按对角的顺序对轮毂螺母进行第二次紧固（一般为103 N·m）。

图6-127 紧固车辆轮毂螺母

（二）技术要求

选用的工具要合适，并按规定的扭矩分两次紧固轮毂螺母。

二、检查PCV阀及其连接软管

（一）检查内容

1）检查PCV阀工作是否正常。

2）检查软管是否裂纹或损坏，如图6-128所示。

（二）操作步骤

1）起动发动机。

2）用手夹紧再松开 PCV 阀连接软管数次，听 PCV 阀有无发出"嘀嗒"声。

3）观察 PCV 阀连接软管是否有裂纹、鼓包、扭曲等损坏以及是否漏气。

（三）技术要求

PCV 阀应正常有效，连接软管应无裂纹、鼓包、扭曲及漏气现象。

图 6-128　检查 PCV 阀及软管

三、检查冷却系软管及检查、更换冷却液

（一）检查冷却系软管及冷却液

1. 操作步骤

1）观察冷却液液位是否正常，水箱连接软管是否松脱，是否有裂纹、渗漏，如图 6-129 所示。

图 6-129　检查冷却系软管及冷却液液位

2）检查卡箍安装是否松动。

3）观察储液罐液位。

2. 技术要求

水箱连接软管无松脱，无裂纹、渗漏现象，卡箍安装紧固，液位符合标准。

（二）更换冷却液

1. 操作步骤

1）把车辆举升到适合工作的高度。

2）拆下散热器下方排放塞，把冷却液排入排放桶中。

3）冷却液排放完毕，装上排放塞并按规定的扭矩拧紧。

4）放下车辆，根据当地气温条件把乙二醇-水型冷却液或全效防冻液加入水箱和储液罐。水箱应使液面加至水箱口下水沿口，储液罐应加至 FULL 标记处。

5）起动发动机 2~3 min，使冷却液循环排出系统内的空气。同时，检查水箱冷却液液面，液面降低的按标准补足。

6）盖好冷却液加注口盖。

2. 技术要求

1）冷却液液位应在储液罐 MAX—MIN 刻度线之间（最好在中间偏上位置）。

2）拆卸散热器冷却液加注口盖必须在发动机冷却后进行。

3）选用的冷却液冰点应比当地最低气温低 10~15 ℃。

四、检查空调制冷剂量

（一）操作步骤

1）起动发动机，并使发动机转速保持在 1 500 r/min。开 AC 开关，温控开关旋至转最凉位置。

2）将鼓风机风速调到"高"位。

3）温度控制旋钮调至"最凉"并打开所有车门。通过观察窗观察制冷剂的流量来判断制冷剂量（空调观察窗在机舱内右前方冷却液储液罐附近），如图 6-130、图 6-131 所示。

图 6-130　打开空调并调节温度

图 6-131　目视观察窗制冷剂气泡

（二）技术要求

观察窗内应有气泡产生，气泡面积应占观察窗面积 1/3。

五、检查更换自动变速器油

（一）操作步骤

1）起动发动机并怠速运转。

2）把换挡杆按 P 到 D 顺序换挡，再按 D 到 P 的顺序换回来，如图 6-132 所示。

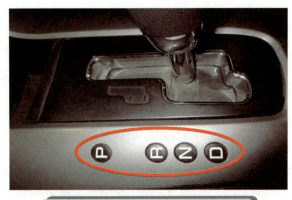

图 6-132　自动变速器挡位

3）拉出油尺，用抹布擦干净后再插回油尺导轨中。

4）再次拉出油尺，检查变速器油位是否在 HOT（热机）范围。同时，检查其油质，视情进行更换。

（二）技术要求

油尺插回导轨时，要完全插到底；检查时，油尺与地面约成 45°；热机时，油位要在规定的位置；油质符合使用要求。

> 提示：液位应当在发动机正常运转时检查（液温 75 ℃左右），此时即使有渗漏现象液位也不会下降，因此液位较低时，应先检查有无渗漏、油温是否正常。

六、检查机油液位

发动机熄火后（5 min 以上），检查机油的液位。液位应在规定范围内，否则添加机油至合适位置。

任务十五 复检及恢复清洁

任务导入

一辆雪佛兰轿车进 4S 店进行 40 000 km 保养。复检及恢复清洁是最后的项目,如果你是 4S 店的技术员,你该做哪些准备、怎样做呢?

知识准备

一、作业内容

1)检查制动液、发动机机油、变速器油等是否渗漏。
2)检查更换部件等的安装情况。
3)拆卸前格栅布、翼子板布。
4)清洁车身外部、内部。
5)调整收音机、时钟、座椅位置。

二、操作注意事项

1)进入车辆前要安放好车轮挡块。
2)进入车内起动车辆时需注意挂驻车挡。
3)不能随意按动举升机操作按钮。
4)不能随意起动发动机。

任务实施

一、复检

（一）准备工作

换挡杆置于 N 位置，松开驻车制动杆，把车辆举升到合适的高度。

（二）操作步骤

1）检查底盘油液是否有渗漏现象，包括冷却液、机油、变速器油、前制动器制动液、燃油及后制动器制动液的情况。

2）检查更换部件的安装情况。

（三）技术要求

底盘无油液渗漏现象，部件安装正确、到位。

二、恢复清洁

（一）准备工作

降下车辆，换挡杆置于 P 位置，拉起驻车制动杆，安放车轮挡块。

（二）操作步骤

1）拆卸前格栅布、翼子板布、座椅套、方向盘套，如图 6-133、图 6-134 所示。

图 6-133 拆卸前格栅布、翼子板布

图 6-134 拆卸座椅套、方向盘套

2）清洁车辆外部车身，如图 6-135 所示。

①用干净软抹布蘸一些中性洗洁剂清洁前格栅、翼子板、前挡风玻璃、车窗玻璃、车门、后挡风玻璃、后视镜及车身其余部位。

②用干净抹布把清洁过的部位擦拭干净。

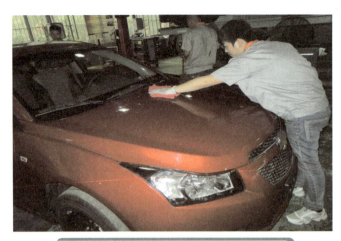

图 6-135 清洁车身

3）清洁车辆内部。

①用干净软布蘸一些中性洗洁剂清洁仪表、仪表台、烟灰缸、驻车制动杆防护罩等部位。

②用干净抹布把清洁过的部位擦拭干净。

（三）技术要求

车身内外车容整洁。

项目小结

车辆 40 000 km 维护分为基本维护作业和附加作业，由汽车维修企业负责完成，包含了一级维护、二级维护中所有的维护项目。

40 000 km 维护的内容主要包括：汽车油液的检查、补给及部件的润滑作业，车身电器及方向盘、制动器的检查、调整作业，车身部件及汽车底部的检查、紧固作业，发动机舱各部件的检查、紧固作业。

40 000 km 维护经竣工检验合格后，方可交车出厂。

附录一
汽车维护与保养项目作业工单

维护项目作业表 [顶起位置1(1/4)]

姓名_____ 班级_____ 分数_____

定期保养项目（本表共有 28 项）

预检工作

驾驶员座椅

☐ （001）安装座椅套
☐ （002）安装地板垫
☐ （003）安装方向盘套
☐ （004）拉起发动机舱盖释放杆

车辆前部

☐ （005）打开发动机舱盖
☐ （006）安装翼子板布
☐ （007）安装前格栅布
☐ （008）安装车轮挡块

发动机舱

☐ （009）检查发动机冷却液液位
☐ （010）检查发动机机油液面
☐ （011）检查制动液液位
☐ （012）检查喷洗器液面

驾驶员座椅		
左	右	车灯
☐	☐	（013）检查示宽灯点亮
☐	☐	（014）检查牌照灯点亮
☐	☐	（015）检查尾灯点亮
☐	☐	（016）检查大灯（近光）点亮
☐	☐	（017）检查大灯（远光）和指示灯点亮
☐	☐	（018）检查大灯闪光开关和指示灯点亮
☐	☐	（019）检查转向信号灯和指示灯点亮
☐	☐	（020）检查危险警告灯和指示灯点亮
☐	☐	（021）检查制动灯点亮（尾灯点亮时）
☐	☐	（022）检查倒车灯点亮
☐	☐	（023）检查转向开关自动返回功能
☐	☐	（024）检查仪表板照明灯点亮
☐	☐	（025）检查顶灯点亮
☐	☐	（026）检查组合仪表警告灯（点亮和熄灭）

左	右	前挡风玻璃喷洗器
☐	☐	（027）检查喷射力、喷射位置（目测）
☐	☐	（028）检查喷射时刮水器联动（目测）

维护项目作业表 [顶起位置1（2/4）]

姓名_____　　班级_____　　分数_____

定期保养项目（本表共有 <u>27</u> 项）

左	右	
		前挡风玻璃雨刮器
□	□	（029）检查工作情况（低速）
□	□	（030）检查工作情况（高速）
□	□	（031）检查自动回位位置
□	□	（032）检查刮拭状况（目测）
		喇叭
□		（033）检查工作情况
		驻车制动器
□		（034）检查驻车制动杆行程
□		（035）检查驻车制动器指示灯点亮
		制动器
□		（036）检查制动器踏板应用状况（响应性）
□		（037）检查制动器踏板应用状况（完全踩下）
□		（038）检查制动器踏板应用状况（异常噪声）
□		（039）检查制动器踏板应用状况（过度松动）
□		（040）测量制动踏板高度
□		（041）测量制动踏板自由行程
□		（042）检查制动助力器工作情况（下沉）
□		（043）检查制动助力器真空功能（控制阀：高度不变）
		方向盘
□		（044）测量自由行程
□		（045）检查松弛和摆动
□		（046）检查点火开关在 ACC 位置时，方向盘可否自由转动
		外部检查准备
□		（047）打开行李箱盖
□		（048）打开燃油盖
□		（049）将顶灯开关旋至 DOOR
□		（050）将换挡杆置于空挡
□		（051）释放驻车制动杆

左前车门

	门控灯开关
□	（052）检查工作情况（顶灯和指示器灯工作情况）
	车身螺母和螺栓
□	（053）检查座椅安全带的螺栓和螺母是否松动
□	（054）检查座椅的螺栓和螺母是否松动
□	（055）检查车门的螺栓和螺母是否松动

维护项目作业表 [顶起位置1（3/4）]

姓名_____ 班级_____ 分数_____

定期保养项目（本表共有 18 项）

左后车门

门控灯开关

（056）检查工作情况（顶灯和指示灯工作情况）

螺母和螺栓

（057）检查座椅安全带的螺栓和螺母是否松动

（058）检查座椅的螺栓和螺母是否松动

（059）检查车门的螺栓和螺母是否松动

油箱盖

油箱盖

（060）检查是否变形和损坏

（061）检查连接状况

后部

左　　　右　　车灯

（062）检查安装状况

（063）检查是否损坏和有污垢

备用轮胎

（064）检查是否有裂纹和损坏

（065）检查是否嵌入金属颗粒或其他异物

（066）测量胎面沟槽深度

（067）检查是否有异常磨损

（068）检查气压

（069）检查是否漏气

（070）检查钢圈是否损坏或腐蚀

螺母和螺栓

（071）检查行李箱盖的螺栓和螺母是否松动

左　　　右　　后悬架

（072）检查减震器的阻尼状态

（073）检查车辆倾斜度

维护项目作业表 [顶起位置1（4/4）]

姓名班级分数
定期保养项目（本表共有 <u>14</u> 项）

| 右后车门 |

门控灯开关

☐ （074）检查工作情况（顶灯和指示灯工作情况）

螺母和螺栓

☐ （075）检查座椅安全带的螺栓和螺母是否松动

☐ （076）检查座椅的螺栓和螺母是否松动

☐ （077）检查车门的螺栓和螺母是否松动

| 右前车门 |

门控灯开关

☐ （078）检查工作情况（顶灯和指示灯工作情况）

螺母和螺栓

☐ （079）检查座椅安全带的螺栓和螺母是否松动

☐ （080）检查座椅的螺栓和螺母是否松动

☐ （081）检查车门的螺栓和螺母是否松动

| 前部 |

左　右　前悬架

☐　☐　（082）检查减震器的阻尼状态

　　　　（083）检查车辆倾斜度

左　右　灯

☐　☐　（084）检查安装状况

　　　　（085）检查是否损坏和有污垢

发动机舱

☐　（086）检查发动机舱盖的螺栓和螺母是否松动

　　（087）拆卸机油加注口盖

维护项目作业表 [顶起位置3（1/2）]

姓名_____ 班级_____ 分数_____

定期保养项目（本表共有25项）

| 底盘 |

发动机机油

（088）检查是否漏油（发动机各部位的配合表面）

（089）检查是否漏油（油封）

（090）检查是否漏油（排放塞）

（091）排放发动机机油

传动带

（092）检查是否变形

（093）检查是否损坏（磨损、裂纹、脱层或其他损坏）

（094）检查安装状况（传动带张力检查）

左　右　驱动轴护套

（095）检查是否有裂纹、损坏（外侧）

（096）检查是否有裂纹、损坏（内侧）

（097）检查是否有泄漏（外侧）

（098）检查是否有泄漏（内侧）

左　右　转向连接机构

（099）检查是否松动和摇摆

（100）检查是否弯曲和损坏

（101）检查防尘套是否有裂纹和损坏

制动管路

（102）检查是否泄漏

（103）检查制动管路上的压痕或其他损坏

（104）检查制动管路软管扭曲、裂纹和凸起

（105）检查制动器管路和软管的安装状况（松旷）

燃油管路

（106）检查燃油是否泄漏

（107）检查燃油管路是否损坏

排气管和安装件

（108）检查排气管是否损坏

（109）检查消声器是否损坏

（110）检查排气管吊挂是否损坏或脱落

（111）检查密封垫片是否损坏

（112）检查排气管是否泄漏

维护项目作业表 [顶起位置 3（2/2）]

姓名_____ 班级_____ 分数_____

定期保养项目（本表共有 29 项）

左	右	悬架
☐	☐	（113）检查是否损坏（转向节）
☐	☐	（114）检查是否损坏（前减震器）
☐	☐	（115）检查是否损坏（后减震器）
☐	☐	（116）检查是否泄漏（前减震器）
☐	☐	（117）检查是否泄漏（后减震器）
☐	☐	（118）检查是否损坏（前减震器螺旋弹簧）
☐	☐	（119）检查是否损坏（后减震器螺旋弹簧）
☐	☐	（120）检查是否损坏（下臂）
☐	☐	（121）检查是否损坏（稳定杆）
☐	☐	（122）检查是否损坏（拖臂和后桥）

发动机油排放塞

☐ （123）更换排放塞衬垫
☐ （124）安装紧固排放塞

螺母和螺栓（车辆底部）

左	右	前悬架
☐	☐	（125）前下悬架臂 × 前悬架横梁
☐	☐	（126）前下球节 × 前下悬架臂
☐	☐	（127）前悬架横梁 × 车身
☐	☐	（128）前制动卡钳 × 转向节
☐	☐	（129）前减震器 × 转向节
☐	☐	（130）稳定杆连杆 × 前减震器
☐	☐	（131）稳定杆 × 稳定杆连杆
☐	☐	（132）前悬架横梁前支架 × 前悬架横梁
☐	☐	（133）前悬架横梁后支架 × 前悬架横梁
☐	☐	（134）前悬架横梁加强件 × 前悬架横梁
☐	☐	（135）横拉杆端头锁止螺母（检查）
☐	☐	（136）横拉杆端头 × 转向节（检查）
☐	☐	（137）转向机壳 × 前横梁

后悬架

	右	
	☐	（138）后桥横梁总成 × 车身
	☐	（139）制动分泵 × 背板
	☐	（140）后减震器 × 后桥横梁总成

其他

☐ （141）排气管
☐ （142）燃油箱

维护项目作业表 [顶起位置 4]

姓名_____ 班级_____ 分数_____

定期保养项目（本表共有 22 项）

制动系统

左 右 车轮轴承
- （143）检查有无摆动
- （144）检查转动状况和噪声
- （145）拆卸车轮（左前右后）

左 右 轮胎
- （146）检查是否有裂纹和损坏
- （147）检查是否嵌入金属碎片和异物
- （148）测量胎面沟槽深度
- （149）检查轮胎异常磨损状况
- （150）测量轮胎气压
- （151）检查轮胎是否漏气
- （152）检查钢轮损坏或腐蚀状况

盘式制动器（左前）
- （153）目视检查制动器摩擦片厚度（内侧）
- （154）测量制动器摩擦片厚度（外侧）
- （155）检查制动器摩擦片的不均匀磨损状况
- （156）检查制动转子盘磨损和损坏状况
- （157）制动转子盘厚度检查
- （158）检查制动卡钳处有无制动液泄漏

盘式制动器（右后）
- （159）目视检查制动器摩擦片厚度（内侧）
- （160）测量制动器摩擦片厚度（外侧）
- （161）检查制动器摩擦片的不均匀磨损状况
- （162）检查制动转子盘磨损和损坏状况
- （163）制动转子盘厚度检查
- （164）检查制动卡钳处有无制动液泄漏

维护项目作业表 [顶起位置 5]

姓名_____ 班级_____ 分数_____

定期保养项目（本表共有 2 项）

驾驶员座椅
- （165）检查制动踏板和杆（拖滞检查准备工作）

左 右 车轮（左前右后）
- （166）检查制动器拖滞

维护项目作业表 [顶起位置6]

姓名_____   班级_____   分数_____

定期保养项目（本表共有 1 项）

左 □　右 □　轮胎
（167）车轮临时安装

维护项目作业表 [顶起位置7（1/2）]

姓名_____   班级_____   分数_____

定期保养项目（本表共有 17 项）

发动机起动前

驻车制动器和车轮挡块
□（168）使用驻车制动器并放置车轮挡块

发动机油
□（169）加注发动机油

蓄电池
□（170）检查电解液液位
□（171）检查蓄电池盒损坏状况
□（172）检查蓄电池端子腐蚀状况
□（173）检查蓄电池端子导线是否松动
□（174）检查通风孔塞损坏、孔堵塞状况
□（175）测量电解液比重（单格）

制动液
□（176）检查总泵内液面（贮液罐）
□（177）检查总泵是否泄漏

制动管路
□（178）检查液体是否泄漏
□（179）检查制动器管和软管是否有裂纹和损坏
□（180）检查制动器管和软管的安装状况

空气滤清器芯
□（181）检查并更换

前减震器的上支撑
□（182）检查前减震器上支撑的松动状况

喷洗液
□（183）检查液位（目视）

发动机暖机期间

轮毂螺母的再紧固

左 □　右 □
（184）旋紧车轮

维护项目作业表 [顶起位置 7（2/2）]

姓名_____ 班级_____ 分数_____

定期保养项目（本表共有 10 项）

　　　　　　　　　　发动机冷却液
- （185）检查是否从散热器泄漏
- （186）检查橡胶软管是否泄漏
- （187）检查软管夹周围是否泄漏
- （188）检查散热器盖是否泄漏
- （189）检查橡胶软管是否有裂纹、凸起和硬化
- （190）检查橡胶软管连接是否松动
- （191）检查夹箍安装是否松动

发动机暖机后

　　空调
- （192）检查制冷剂量（从观察窗检查）

发动机停机后

　　发动机油
- （193）检查发动机油位（不必预热，按照当时温度）

　　发动机冷却液
- （194）检查冷却液液位（目测贮液罐）

维护项目作业表 [顶起位置 8]

姓名_____ 班级_____ 分数_____

定期保养项目（本表共有 3 项）

　　最终检查
- （195）发动机机油泄漏状况
- （196）制动器液泄漏状况
- （197）更换零件等的安装状况

维护项目作业表 [顶起位置 9]

姓名_____ 班级_____ 分数_____

定期保养项目（本表共有 2 项）

　　恢复/清洁
- （198）拆卸翼子板布和前格栅布
- （199）清洁车身、车身内部、烟灰缸等

参考文献

[1] 盛国超. 汽车维护与保养[M]. 北京：机械工业出版社，2020.

[2] 陈宇游. 汽车维护与保养[M]. 成都：西南交通大学出版社，2016.

[3] 王爱兵. 汽车维护与保养[M]. 北京：北京理工大学出版社，2018.

[4] 樊永强. 汽车维护与保养[M]. 北京：中国建材工业出版社，2016.

[5] 秦挽星，陈和娟. 汽车维护与保养[M]. 北京：化学工业出版社，2018.

[6] 韩东. 汽车维护与保养[M]. 北京：高等教育出版社，2018.

[7] 康建青，孟革. 汽车维护与保养[M]. 北京：清华大学出版社，2018.

[8] 许平. 汽车维护与保养[M]. 北京：电子工业出版社，2017.